EDIÇÕES VIVA LIVROS

Ame-se e cure sua vida

Louise L. Hay é autora e palestrante de renome internacional. Em seus seminários e workshops, auxilia milhares de pessoas a descobrir e usar o pleno potencial de seu poder criativo em prol do bem-estar em suas vidas. Autora de best-sellers traduzidos para 25 idiomas em dezenas de países, entre eles *Você pode curar sua vida*, *O poder dentro de você* e *Meditações para curar sua vida*, Louise L. Hay é também fundadora da Hay House, editora especializada em temas de desenvolvimento pessoal.

LOUISE L. HAY

Ame-se e cure sua vida

Tradução de
EVELYN KAY MASSARO

8ª edição

viva livros

RIO DE JANEIRO – 2025

CIP-BRASIL. CATALOGAÇÃO NA FONTE
SINDICATO NACIONAL DOS EDITORES DE LIVROS, RJ

Hay, Louise L., 1926-2017
H328a Ame-se e cure sua vida / Louise Hay; tradução de Evelyn Kay
8ª ed. Massaro. – 8ª edição – Rio de Janeiro: Viva Livros, 2025.
12 × 18 cm

Tradução de: Love Yourself, Heal Your Life Workbook
ISBN 978-85-8103-003-6

1. Autoaceitação – Problemas, questões, exercícios. 2. Mudança (Psicologia) – Problemas, questões, exercícios. I. Título.

11-4274 CDD: 158.076
CDU: 159.947

Ame-se e cure sua vida, de autoria de Louise Hay.
Título número 002 da Coleção Viva Livros.
Sexta edição impressa em outubro de 2019.
Texto revisado conforme o Acordo Ortográfico da Língua Portuguesa de 1990.

Título original norte-americano:
LOVE YOURSELF, HEAL YOUR LIFE WORKBOOK

A autora não aconselha a dispensar orientações médicas nem prescreve o uso de qualquer tipo de tratamento sem o aconselhamento de um médico. A autora pretende apenas prestar informações para auxiliar o leitor na sua busca pelo bem-estar.

www.vivalivros.com.br

Design de capa: Simone Villas-Boas sobre imagem Fotolia.

Impresso no Brasil

ISBN 978-85-8103-003-6

Dedicatória

Exercícios é uma palavra forte, que transmite a ideia de esforço; e muitos de nós acreditam que trabalho duro é exatamente o que temos de fazer para nos livrar de padrões de pensamento antigos e enraizados. Na minha opinião, para haver mudanças interiores não é preciso trabalho árduo, dificuldade ou sofrimento. Considero esse processo como uma aventura.

Assim, gostaria de dedicar este livro ao aventureiro que existe dentro de você, que vai participar de uma caça ao tesouro. Cada velho padrão negativo que descobrir será apenas algo a ser examinado e abandonado. Sob cada um deles está um baú de tesouros esperando você.

Procure seu próprio ouro. Crie sua própria saúde. Encha sua vida de amor. Encontre sua própria liberdade. Você tem valor. Você merece. Eu o ajudarei.

Você está no caminho para alcançar a iluminação interior. À medida que for se libertando, você contribuirá para a cura de nosso planeta.

Parte I
Introdução

1
Técnicas básicas

"Estou disposto a mudar."

Este é um livro sobre mudança. Eu sei que você espera que tudo que o cerca mude para que sua vida seja perfeita: sua mãe, seu pai, seu chefe, amigos, irmãos, namorada, senhorio, vizinhos, orientador religioso ou governo. No entanto, não é assim que funciona. Se deseja mudar sua vida, é você quem tem de mudar. Quando você muda, todos que fazem parte do seu mundo e se relacionam com você também mudam.

Você está disposto a mudar?

Se estiver, juntos conseguiremos criar a vida que você tanto deseja. Tudo o que precisa fazer é modificar alguns pensamentos e libertar-se de algumas crenças. Parece simples, não? Todavia, nem sempre é fácil. Juntos vamos explorar diferentes áreas de sua vida para descobrir algumas coisas em que você acredita. Se forem crenças positivas, insistirei para que as mantenha e amplie. Se encontrarmos crenças negativas, vou ajudá-lo a se libertar delas.

Minha vida é um bom exemplo do que pode ocorrer quando se muda o padrão dos pensamentos. Fui uma criança pobre, agredida, maltratada, com pouca autoestima e muitos problemas, mas consegui me transformar numa mulher reconhecida, capaz de ajudar os outros. Não sou mais perseguida pela dor e pelo sofrimento. Criei uma vida maravilhosa para mim mesma. Você também pode obter isso.

Eu o convido a ser gentil consigo mesmo enquanto pratica os exercícios deste livro. A mudança pode ser fácil ou difícil. Valorize cada esforço que fizer. Saiba que pode haver um período de transição entre o velho e o novo sistema de crenças. É possível que você vacile ao se afastar de antigos modelos de comportamento e pensamento. Não desanime. Seja tão amoroso e compreensivo com você como seria com um amigo. Encoraje a si mesmo de todas as formas enquanto estiver passando por essa nova experiência.

Você conseguirá melhores resultados se fizer os exercícios com regularidade. No entanto, mesmo que não possa praticar mais que um exercício por mês, siga em frente, já é alguma coisa... Faça o que puder. Eles lhe darão novas informações sobre você mesmo e lhe possibilitarão novas escolhas. Cada nova escolha será como plantar uma semente no seu jardim mental. Lembre-se de que as sementes precisam de tempo para germinar e crescer. Não se pode esperar que uma semente se transforme em árvore de um dia para o outro. Da mesma forma, não espere resultados imediatos com este trabalho.

Recomendo-lhe usar este livro em partes. Tente cuidar de um segmento de sua vida por vez. Examine profundamente seus sentimentos à medida que progride em cada exercício. Comece lendo o livro todo e deixe seus pensamentos e lembranças emergirem. Depois volte ao início e faça todos os exercícios.

Faça os exercícios mesmo que não tenha problemas naquela área. É provável que você se surpreenda com os resultados. E, se considerar uma determinada área difícil, repita os exercícios várias vezes. Crie também seus próprios exercícios.

Será bom ter uma caixa de lenços de papel à mão. Permita-se explorar o passado e chorar, se necessário. As lágrimas são o rio da vida e podem realizar uma grande limpeza interior.

Antes de começar, gostaria de revisar as crenças básicas que constituem o fundamento de minha filosofia. É possível que você se lembre delas do livro *Você pode curar sua vida.*

Em que eu acredito

A vida é muito simples. O que damos, recebemos. Creio que somos responsáveis por tudo o que acontece em nossa vida, do pior ao melhor. Cada pensamento que temos vai moldando nosso futuro. Cada um de nós produz suas próprias experiências por meio dos pensamentos e das palavras que falamos.

Crenças são ideias e pensamentos que aceitamos como verdade. O que pensamos sobre nós e o mundo torna-se verdadeiro para nós. O que escolhemos acreditar pode ampliar e enriquecer nosso mundo. Cada dia que passa pode ser uma experiência empolgante, alegre, esperançosa, ou triste, limitadora e sofrida. Duas pessoas, em um mesmo mundo e nas mesmas circunstâncias, podem ter experiências de vida completamente diferentes. O que nos transporta de um mundo para outro? Estou convencida de que nossas crenças conseguem realizar essa tarefa. Quando nos dispomos a modificar nossas crenças primárias, estamos a caminho de uma verdadeira mudança em nossas vidas.

Sejam quais forem suas crenças sobre você mesmo e o mundo, lembre-se de que elas não passam de pensamentos, e eles podem ser modificados. É possível que você não concorde com algumas de minhas ideias. Elas talvez possam lhe parecer desconhecidas e assustadoras. Não se preocupe. Só as ideias que lhe pertencerem realmente se tornarão parte de sua nova estrutura de pensamento. É possível também que você considere algumas de minhas técnicas simples demais ou tolas para funcionarem. Só lhe peço que tente experimentá-las.

Nosso subconsciente aceita tudo em que escolhemos acreditar. O Poder Universal jamais nos julga ou critica. Ele nos aceita como somos. Se você aceita uma crença limitadora, ela se tornará verdade para você. Se acredita que é baixo demais, alto demais, gordo demais, magro demais, sabido demais, burro demais, pobre demais, rico demais, incapaz de formar bons relacionamentos, essas crenças se tornarão verdade para você.

Lembre-se de que estamos lidando com pensamentos, e que eles podem ser modificados. Temos escolhas ilimitadas sobre o que podemos pensar, e o ponto de poder está sempre no agora.

O que você está pensando neste momento? Trata-se de algo positivo ou negativo? Você quer que esse pensamento crie seu futuro?

Quando éramos crianças, aprendemos sobre nós mesmos e a vida por intermédio das reações dos adultos que nos cercavam. A maioria de nós tem ideias sobre quem é, e regras a respeito de como a vida deveria ser vivida que não nos pertencem realmente. Se você viveu com pessoas infelizes, amedrontadas, coléricas ou cheias de sentimentos de culpa, então aprendeu muitas coisas negativas sobre você mesmo e seu mundo.

Quando nos tornamos adultos, tendemos a recriar o ambiente emocional da infância. Também tendemos a recriar os mesmos relacionamentos que tínhamos com nossos pais. Se éramos muito criticados, procuraremos na vida adulta pessoas que repetirão esse comportamento. Se éramos elogiados, amados e encorajados quando criança, recriaremos essas atitudes.

Não o incentivo a culpar seus pais. Somos todos vítimas de vítimas. Seus pais não poderiam ensinar o que não sabiam. Se eles não sabiam amar, não tinham como ensinar você a amar a si mesmo. Eles tentaram lidar o melhor possível com as informações que possuíam. Pense por um minuto em como seus pais foram criados. Se quiser compreendê-los mais e melhor, sugiro que lhes pergunte sobre a infância deles.

Não se limite a *ouvir* o que eles lhe contam, preste atenção ao que acontece com eles *enquanto* falam. Qual é sua linguagem corporal? Eles conseguem manter contato visual enquanto falam? Olhe-os nos olhos e veja se consegue descobrir a criança interior que existe neles. Talvez você só a perceba por uma fração de segundo, mas ela poderá lhe dar valiosas informações.

Acredito que escolhemos nossos pais. Sou adepta da ideia de que decidimos encarnar nesta Terra numa determinada hora e lugar. Viemos para aprender lições específicas que nos farão avançar e evoluir em nosso caminho espiritual. Creio que escolhemos nosso sexo, cor e país, e em seguida procuramos pelos pais que favorecerão nosso trabalho espiritual nesta vida.

Estamos sempre lidando com pensamentos, e eles podem ser modificados. Não importa qual seja o problema, suas experiências serão sempre efeitos externos de pensamentos internos. Mesmo o pior dos sentimentos não passa de um pensamento. Um pensamento produz um sentimento, e você se deixa envolver por ele. No entanto, se não tiver o pensamento, não terá o sentimento. Pensamentos podem ser modificados. Modifique o pensamento e o sentimento vai desaparecer.

O passado não tem nenhum poder sobre nós. Não importa quanto tempo estejamos vivendo um padrão negativo. Podemos nos libertar dele num instante.

Acredite ou não, nós escolhemos nossos pensamentos. É comum ficar pensando tanto em determinada coisa que acabamos tendo a impressão de que não escolhemos aquele pensamento. No entanto, a escolha original foi nossa. Podemos recusar ou aceitar certos pensamentos. Quantas vezes você se recusou a ter um pensamento positivo sobre si mesmo? Da mesma forma, também pode se recusar a ter um pensamento negativo sobre si mesmo.

A crença mais básica e interior de todos com quem já trabalhei é sempre: "Não sou bom o bastante!" Todas as pessoas que conheço ou que atendi têm ódio de si mesmas ou algum tipo de culpa. "Não sou bom o bastante, não faço o suficiente, não mereço isto", são queixas comuns. Mas para quem você não é bom o bastante? E pelos padrões de quem você pode afirmar isto?

O ressentimento, a crítica, a culpa e o medo causam a maioria dos problemas. Esses sentimentos surgem porque acusamos os outros e não assumimos a responsabilidade pelas nossas próprias experiências. Como somos responsáveis por tudo o que acontece em nossa vida, não temos a quem culpar. Seja o que estiver acontecendo, tudo não passa de um reflexo de nossos próprios pensamentos.

Eu não estou criando desculpas para o mau comportamento dos outros, mas o fato é que nosso sistema de crenças atrai esse tipo de atitude. Se você é constantemente agredido e maltratado, talvez seja porque tem padrões de pensamento que atraem esse tipo de pessoa. Existe em seu interior algum pensamento que aproxima pessoas que tratam as outras mal. Quando você mudar seu padrão de pensamento, não será mais vítima delas.

Podemos mudar nossa atitude em relação ao passado. O passado é passado, ele não pode ser modificado. Todavia, podemos alterar nossos pensamentos em relação ao passado. É totalmente sem sentido nos punirmos porque alguém nos magoou há muito, muito tempo.

Se escolhemos acreditar que somos vítimas indefesas e que todo esforço é inútil, o universo apoiará essa atitude. As piores opiniões que temos sobre nós mesmos serão confirmadas.

Se escolhermos acreditar que somos responsáveis pelas nossas experiências, sejam elas boas ou más, teremos chance de nos livrar dos efeitos do passado. Podemos mudar. Podemos nos libertar.

A estrada para a liberdade começa na porta do perdão. Talvez não saibamos como perdoar. Pode ser, até que não queiramos perdoar. Todavia, se nos sentimos dispostos a perdoar, já estamos dando início ao processo de cura. Para nos curarmos é imprescindível deixar o passado ir embora e perdoar todos que nos magoaram.

Não estou criando desculpas para o mau comportamento das pessoas. O que desejo é ajudá-lo no processo de *sua* libertação. Perdoar significa abandonar, deixar ir. Todos compreendemos muito bem nossa própria dor. No entanto, é difícil, para a maioria, entender o sofrimento de alguém que nos tratou mal. Devemos ter em mente que a pessoa que precisamos perdoar também tinha problemas e, na ocasião, só refletia o que nós pensávamos sobre nós mesmos. Precisamos entender também que as pessoas que nos magoaram estavam possivelmente, fazendo o melhor que podiam, dentro do grau de conhecimento, compreensão e evolução que possuíam na época.

Quando alguém vem a mim com um problema - não importa qual seja: saúde, falta de dinheiro, relacionamentos insatisfatórios ou criatividade sufocada –, só trabalho num único aspecto: amar a si mesmo.

Descobri que quando realmente nos amamos, tudo flui na vida. Autoaprovação e autoaceitação, aqui e agora, são as chaves para mudanças positivas em todas as áreas da vida.

Amar a si mesmo significa jamais se criticar por coisa alguma. A crítica aprisiona o indivíduo no padrão que ele procura modificar.

Tente aprovar a si mesmo e veja o que acontece. Você vem se criticando há anos. Adiantou alguma coisa?

Terminologia dos exercícios

Afirmações

Usaremos afirmações em todo o livro. Afirmações são declarações que fazemos, sejam elas positivas ou negativas. Com demasiada frequência pensamos em afirmações negativas. Elas só servem para aumentar o que não queremos. Dizer "Odeio este carro velho" não nos leva a nada. Já declarar: "Abençoo meu carro velho e o liberto com amor. Agora aceito e mereço um automóvel novo e bonito" abrirá os canais de nossa consciência para criar esse acontecimento.

Faça declarações positivas sobre como você deseja que seja sua vida. O importante é *fazer sempre as afirmações no TEMPO PRESENTE*, tal como "Eu sou" ou "Eu tenho". Seu subconsciente é um servo tão obediente que se você usar o futuro, "Eu gostaria" ou "Eu terei", é lá que tudo ficará – no futuro, fora de seu alcance.

O Dr. Bernie Siegel, autor de *Amor, medicina e milagres*, um livro de grande sucesso, diz que "as afirmações não são uma negação do presente, são uma esperança para o futuro. À medida que você deixa que elas penetrem em sua consciência, as afirmações vão se tornando cada vez mais aceitas e acabam sendo reais para você".

Exercício no espelho

O exercício diante do espelho é uma ferramenta de grande valor. Os espelhos refletem os sentimentos que temos por nós mesmos e nos mostram claramente as áreas que precisamos mudar se quisermos ter uma vida alegre e plena.

Peço às pessoas para que olhem em seus próprios olhos e digam algo positivo sobre si mesmas sempre que passarem por um espelho. O modo mais poderoso de fazer afirmações é olhar no espelho e dizê-las em voz alta. Assim você percebe as resistências de imediato e consegue vencê-las mais rapidamente.

Mantenha um espelho de mão por perto enquanto lê este livro. Use um maior para alguns exercícios mais profundos.

Visualização

A visualização é o processo de usar a imaginação para obter um resultado desejado. Em termos mais simples, você vê aquilo que deseja que aconteça antes que ocorra.

Por exemplo, se deseja um novo lugar para morar, imagine uma casa ou apartamento, sendo o mais específico possível sobre o que você quer. Veja-o em sua mente como se já fosse uma realidade. Afirme que você o merece. Veja-se dentro do novo local, cuidando dos afazeres diários. Imagine-o com o máximo de detalhes e clareza, sabendo que não existe um modo errado de visualizar. Pratique a visualização com constância, entregando todos os resultados à Mente Universal e pedindo pelo que é melhor para você. Combinada com as afirmações positivas, a visualização é uma ferramenta extremamente poderosa.

Merecimento

Algumas vezes nos recusamos a investir esforços na criação de uma vida melhor porque não acreditamos que a merecemos. A crença de que não somos merecedores pode ser decorrente de experiências da infância. É possível que nos tenham dito que não podíamos ter o que queríamos se não comêssemos toda a comida, limpássemos o quarto ou guardássemos os brinquedos. Nesse caso, estamos comprando conceitos ou opiniões de uma outra pessoa, que não têm nada a ver com a nossa realidade.

Merecimento não tem nada a ver com receber o bem. O que nos atrapalha é a falta de disposição para aceitar esse conceito. Acolha o que é bom, mesmo que você acredite não o merecer.

EXERCÍCIO: Merecimento

Responda às seguintes perguntas da melhor forma possível. Elas o ajudarão a entender o poder do merecimento.

1. **O que você deseja e não está obtendo?**

   Seja claro e específico sobre seus desejos.

   ___

   ___

   ___

   ___

2. **Quais eram as leis/regras em sua casa sobre merecimento?**

   O que lhe diziam? "Você não merece" ou "Você merece uma boa sova"? Seus pais sentiam-se merecedores? Você sempre teve de esforçar-se para ser merecedor? O esforço lhe valia alguma coisa? Tiravam coisas de você quando você fazia algo de errado?

   ___

   ___

   ___

   ___

3. **Você acha que merece?**

Qual é a imagem que surge? "Mais tarde, depois que eu me esforçar?""Primeiro tenho de trabalhar para conseguir"? Você é bom o bastante? Acha que um dia será bom o bastante?

4. **Você merece viver?**

Por quê? Por que não? Alguma vez eles lhe disseram: "Você merece morrer"? Se isso aconteceu, foi como parte de sua formação religiosa?

5. **Pelo que você tem de viver?**

Qual é o propósito de sua vida? Que significado você lhe deu?

6. **O que você merece?**

"Eu mereço amor, alegria, tudo que é bom." Ou você sente, no íntimo, que não merece nada? Por quê? De onde veio essa mensagem? Você está disposto a se libertar dela? Está disposto a colocá-la em seu devido lugar? Lembre-se de que tudo isso são pensamentos, e eles podem ser modificados.

Como você pode ver, o poder pessoal é afetado pelo modo como percebemos nosso merecimento. Tente esse tratamento. Em poucas palavras: os tratamentos são declarações positivas, feitas em qualquer situação, para estabelecer novos padrões de pensamento e dissolver os antigos.

Tratamento de merecimento

Sou merecedor. Mereço tudo o que é bom. Não uma parte, não um pouquinho, mas tudo o que é bom. Agora me afasto de todos os pensamentos negativos, restritivos. Liberto e permito que as limitações de meus pais se vão. Eu os amo, e vou além deles. Não sou suas opiniões negativas, nem suas crenças cerceadoras. Não contenho nenhum dos medos ou preconceitos da sociedade em que vivo. Não me identifico mais com limitação alguma.

Em minha mente, sou completamente livre. Agora me transporto para um novo espaço de consciência, onde me vejo de maneira totalmente diferente. Estou decidido a criar novos pensamentos sobre mim mesmo e sobre minha vida. Meu novo modo de pensar torna-se uma nova experiência.

Eu agora sei e afirmo que sou uno com o Poder de Prosperidade do Universo. Assim, prospero de inúmeras maneiras. Está diante de mim a totalidade das possibilidades. Mereço vida, uma boa vida. Mereço amor, abundância de amor. Mereço boa saúde. Mereço viver com conforto e prosperar. Mereço alegria e felicidade. Mereço a liberdade de ser tudo o que posso ser. Mereço mais do que isso. Mereço tudo o que é bom.

O universo está mais do que disposto a manifestar minhas novas crenças. Aceito essa vida abundante com alegria, prazer e gratidão, pois sou merecedor. Eu a aceito; sei que ela é verdadeira.

2
Quem é você?
Em que você acredita?

"Vejo-me com olhos de amor e me sinto seguro."

Nesta seção eu gostaria que olhássemos para nós mesmos e para nossas crenças. Todos nós acreditamos em muitas coisas positivas, e queremos continuar a reforçá-las. Mas muitas de nossas crenças são negativas e continuam a contribuir para experiências desagradáveis. É impossível mudarmos crenças limitadoras sem sabermos exatamente quais são elas. Veja a lista de palavras a seguir. Escreva o que cada uma significa para você. Vejamos alguns exemplos:

Homens...

Os homens são fortes.
Os homens são mandões.
Os homens são espertos.

Mulheres...

As mulheres têm salários menores.
As mulheres têm de limpar a casa.
As mulheres são suaves e ternas.

Amor...

O amor não é para mim.
Adoro ser amado.
Amor é perda e decepção.

Sexo...

Sexo é divertido.
Sexo só no casamento.
Sexo é doloroso.

Trabalho...

Trabalho é maçante.
Os chefes são mesquinhos.
Outras pessoas têm bons empregos.

Dinheiro...

Nunca tenho o suficiente.
Tenho medo do dinheiro.
Dinheiro é para gastar.

Sucesso...

O sucesso está fora de meu alcance.
Só os ricos são bem-sucedidos.
Só consigo ter sucesso em pequenas coisas.

Fracasso...

Quando cometo um erro, considero-me um fracasso.
Fracasso é fazer coisas erradas.
O fracasso é uma lição.

Deus...

Deus me ama.
Sou uno com Deus.
Tenho medo de Deus.

Agora é sua vez. Pense no que essas palavras significam para você. Escreva quantas frases quiser.

Homens...

____

____

____

____

Mulheres...

____

____

____

____

Amor...

____

____

____

____

Sexo...

Trabalho...

Dinheiro...

Sucesso...

Fracasso...

Deus...

Agora, releia o que escreveu e observe que áreas são mais difíceis para você. Existem crenças conflitantes? Quantas de suas frases foram negativas? Assinale cada uma. Você realmente quer continuar a construir sua vida com base nessas convicções? Lembre-se de que alguém lhe incutiu essas ideias. Agora que tomou consciência delas, você pode decidir abandoná-las.

EXERCÍCIO: Sua história

Este é o momento de você escrever uma breve história de sua vida. Comece com sua infância. Não se prenda ao número de linhas a seguir. Use mais papel se for necessário.

Que outras crenças negativas podem estar povoando seu subconsciente? Deixe-as emergir. É possível que você se surpreenda com o que vai encontrar. Quantas mensagens negativas você detectou quando escreveu sua história? Lembre-se de que cada crença negativa que emerge é um verdadeiro tesouro. "Ora, ora, eu a encontrei! Então, é você que tem me causado tantos problemas? Ótimo, agora posso eliminá-la."

Outras crenças negativas:

____

____

____

____

Agora é uma boa hora para você pegar seu espelhinho, olhar bem em seus olhos e afirmar sua disposição de abandonar todas essas velhas mensagens e crenças negativas. Respire profundamente enquanto faz isso e fale em voz alta, se puder. Diga: "Estou disposto a abandonar todos os velhos conceitos e crenças negativos que não podem mais me nutrir." Repita várias vezes.

A criança interior

Muitos de nós têm uma criança interior perdida e solitária, que se sente profundamente rejeitada. É possível que você só tenha entrado em contato com ela para repreendê-la e criticá-la. Não podemos rejeitar uma parte de nós mesmos e continuar a ter harmonia interior. É por isso que, às vezes, somos infelizes. A cura depende também de juntarmos todas as partes de nós mesmos para que possamos nos tornar inteiros e completos. Vamos fazer alguns exercícios para conectar essas partes esquecidas dentro de nós.

Encontre uma foto

Encontre uma foto sua de quando era criança. Se não tem uma, peça a seus pais. Observe o retrato atentamente. O que está vendo? Pode ser alegria, dor, tristeza, raiva ou medo. Você ama essa criança? Consegue se relacionar com ela? Eu consegui uma fotografia minha de quando estava com 5 anos e mandei ampliá-la para poder ver muito bem minha menininha.

Escreva algumas palavras sobre sua criança interior.

____

____

____

____

Desenhe um retrato

Pegue lápis de cor, canetas ou giz de cera de várias cores. Você pode usar o espaço adiante ou uma folha de papel. Use a mão não dominante (a que você não usa para escrever) e desenhe você mesmo quando criança.

O que esse autorretrato lhe diz? Que cores você usou? O que a criança está fazendo? Descreva o que você desenhou.

____

____

____

____

Converse com sua criança interior

Reserve alguns minutinhos para conversar com sua criança interior. Descubra mais sobre ela. Faça-lhe perguntas.

1. **Do que você gosta?**

____

____

____

____

2. **Do que você não gosta?**

____

____

____

____

3. **O que lhe dá medo?**

4. **Como você se sente?**

5. **De que você precisa?**

6. **Como posso ajudá-la a se sentir segura?**

7. **Como posso fazê-la feliz?**

____

____

____

____

____

Tenha uma boa conversa com sua criança interior. Faça-se presente para ela. Abrace-a e ame-a, faça o que for possível para satisfazer às necessidades dela. Deixe bem claro para ela que, não importa o que aconteça, você sempre estará a seu lado. Comece criando em sua imaginação uma infância feliz para ela. Este exercício funciona melhor se você o fizer de olhos fechados.

Pontos de poder

"Acredito em meu poder de mudar."

Esta pequena seção talvez seja a parte mais importante deste livro. Volte continuamente a ela enquanto for explorando as diversas áreas de sua vida. Faça várias listas dos sete pontos a seguir. Coloque-as em lugares onde possa vê-las com frequência. Leia-as sempre. Decore os pontos. Quando esses conceitos se tornarem parte de seu sistema de crenças, você terá uma perspectiva diferente da vida.

1. Somos responsáveis pelas nossas experiências.
2. Cada pensamento que temos cria nosso futuro.

3. Todos lidamos constantemente com padrões prejudiciais de ressentimento, crítica, culpa e ódio por nos mesmos.
4. Todo pensamento pode ser modificado.
5. Precisamos nos libertar do passado e perdoar todas as pessoas, inclusive nós mesmos.
6. Autoaprovação e autoaceitação, "aqui e agora", são as chaves para mudanças positivas.
7. O ponto do poder está sempre no momento presente.

Enquanto você estiver fazendo os exercícios, volte sempre para estes sete pontos. Não fique preso apenas a seus problemas específicos. Quando realmente aceita essas ideias, colocando-as como parte integrante de seu sistema de crenças, você se torna "poderoso", e os problemas, muitas vezes, vão se resolver automaticamente. O objetivo é mudar o que você acredita sobre si mesmo e sobre o mundo em que vive.

Não são as pessoas, os lugares e as coisas que criam problemas para você, mas o modo como você "percebe e reage" a essas experiências de vida. Assuma a responsabilidade pela sua própria vida. Não abra mão do seu poder. Aprenda a conhecer melhor seu eu interior, espiritual, e aja com base nesse poder, que só cria o que é bom para você.

"Dou-me permissão para aprender."

Parte II
O processo

3
Saúde

"Restauro meu corpo e o mantenho saudável."

Lista de verificação de saúde

- ☐ Tenho no mínimo três resfriados por ano.
- ☐ Meu nível de energia é baixo.
- ☐ Demoro para ficar curado.
- ☐ Minhas alergias estão sempre me perturbando.
- ☐ Doenças cardíacas são uma constante em minha família.
- ☐ Tenho uma doença atrás da outra.
- ☐ Estou sempre com dor nas costas.
- ☐ Minhas dores de cabeça não passam.
- ☐ Estou sempre com prisão de ventre.
- ☐ Vivo com dores nos pés.
- ☐ Estou sempre me machucando.

Quantas dessas afirmações se aplicam a você? Vamos agora dar uma olhada em nossas crenças sobre saúde.

Acredito que contribuímos para cada doença em nosso corpo. Como tudo mais na vida, ele é um reflexo das crenças e pensamentos interiores. Nosso corpo está sempre falando conosco; depende de nós querer ouvi-lo. Cada célula de nosso organismo reage a cada pensamento.

Quando descobrimos o padrão mental por trás de uma doença, temos oportunidade de modificá-lo e, também, de modificar a doença. A maioria das pessoas não quer ficar doente, mas cada doença que temos é um professor. A doença é o modo de o corpo nos avisar que existe uma falsa ideia em nossa consciência. Algo em que estamos acreditando ou dizendo, fazendo ou pensando e que não é para nosso bem. Sempre visualizo meu corpo me cutucando e dizendo: "Por favor, preste atenção!"

Às vezes, as pessoas querem mesmo ficar doentes. Em nossa sociedade, fizemos da doença um meio legítimo de evitar responsabilidades ou situações desagradáveis. Se não aprendermos a dizer "não", é possível que tenhamos de inventar uma doença para que ela diga "não" por nós.

Li um relatório muito interessante alguns anos atrás. Ele afirmava que apenas 30 por cento dos pacientes seguem as prescrições de seus médicos. Segundo o Dr. John Harrison, autor do fascinante livro *Love Your Disease* (Ame sua doença), muitos pacientes procuram o médico apenas para obter alívio dos sintomas mais agudos, e, assim, conseguirem tolerar a doença. É como se existisse um acordo subconsciente entre médico e paciente: o médico concorda em não curar o paciente se este fingir fazer algo sobre sua condição. Nesse acordo, uma pessoa tem de pagar, e a outra torna-se uma figura de autoridade, de forma que ambas as partes ficam satisfeitas.

A verdadeira cura envolve corpo, mente e espírito. Acredito que quando tratamos de uma doença sem lidar com as questões emocionais e espirituais que a cercam, ela se manifestará novamente.

EXERCÍCIO: Libertando-se de seus problemas de saúde

Você está disposto a se libertar da necessidade que contribuiu para seus problemas de saúde? Repito, quando temos uma condição que queremos mudar, a primeira coisa a fazer é colocar isso em palavras. Diga: "Estou disposto a largar a necessidade que criou em mim essa condição." Repita. Diga isso de novo olhando-se no espelho. Diga a frase sempre que pensar no seu estado de saúde. Esse é o primeiro passo para criar uma mudança.

1. **Faça uma lista de todas as doenças de sua mãe.**

____

____

____

____

2. **Faça uma lista de todas as doenças de seu pai.**

____

____

____

____

3. **Faça uma lista de todas as suas doenças.**

____

____

____

____

4. **Você vê alguma ligação?**

____

____

____

____

EXERCÍCIO: **Saúde e doença**

Examinemos algumas de suas crenças sobre saúde e doença. Responda às perguntas a seguir. Seja o mais franco e honesto possível.

1. **O que você lembra de suas doenças de infância?**

____

____

____

____

2. **O que você aprendeu com seus pais sobre doença?**

____

____

____

____

3. De alguma forma, você gostava de ficar doente quando era criança? Por quê?

4. Existe alguma crença sobre doenças, adquirida na infância, que ainda o influencia?

5. Como você contribuiu para seu atual estado de saúde?

6. Você gostaria que essa condição mudasse? Em caso positivo, de que forma?

____

____

____

____

EXERCÍCIO: Suas crenças sobre doenças

Complete as seguintes declarações da maneira mais sincera possível.

1. O modo como me forço a ficar doente é...

____

____

____

____

2. Fico doente quando tento evitar...

____

____

____

____

3. Quando fico doente, quero sempre...

4. Em criança, quando eu ficava doente, minha mãe sempre...

5. O maior medo que tenho quando fico doente é...

EXERCÍCIO: O poder das afirmações

Vamos descobrir o poder das afirmações escritas! Escrever uma afirmação intensifica seu poder. A seguir, escreva uma afirmação positiva sobre sua saúde, repetindo-a 25 vezes. Crie sua própria frase ou use uma das seguintes:

1. Minha cura já está em andamento.
2. Ouço com amor os recados de meu corpo.
3. Minha saúde é radiante, vibrante e dinâmica.
4. Sou grato pela minha perfeita saúde.
5. Eu mereço uma boa saúde.

1. ____

2. ____

3. ____

4. ____

5. ____

6. ____

7. ____

8. ____

9. ____

10. ____

11. ____

12. ____

13. ____

14. ____

15. ____

16. ____

17. ____

18. ____

19. ____

20. ____

21. ____

22. ____

23. ____

24. ____

25. ____

EXERCÍCIO: Autovalorização

Examinemos, agora, a questão da autovalorização. Responda às perguntas a seguir e formule uma afirmação positiva depois de cada resposta.

1. **Eu mereço uma boa saúde?**
   Exemplo:
   Não. A doença é uma constante em minha família.

Sua resposta:

Exemplo de afirmação:
Aceito e mereço uma perfeita saúde.

Sua afirmação:

2. **O que mais temo sobre minha saúde?**
   Exemplo:
   Tenho medo de ficar doente.

Sua resposta:

Exemplo de afirmação:
É seguro eu estar saudável agora. Sou sempre amado.

Sua afirmação:

____

____

____

____

3. **O que estou "conseguindo" com essa crença?**
   Exemplo:
   Não tenho de ser responsável.

Sua resposta:

____

____

____

____

Exemplo de afirmação:
Sou confiante e seguro. A vida é fácil para mim.

Sua afirmação:

____

____

____

____

4. **O que temo que aconteceria se eu largasse essa crença?**
   Exemplo:
   Eu teria de amadurecer.

Sua resposta:

____

____

____

____

Exemplo de afirmação:
É seguro ser adulto.

Sua afirmação:

____

____

____

____

Agora reveja a lista de verificação da página 37 e estude as afirmações que correspondem a cada crença. Faça-as se tornarem parte de sua rotina diária. Repita-as várias vezes enquanto está dirigindo, trabalhando, diante do espelho ou a qualquer momento em que sentir suas crenças negativas emergirem.

Se você acredita:	**Sua afirmação é:**
Tenho no mínimo três resfriados por ano.	*Estou bem e seguro em todas as épocas. O amor me cerca e me protege.*
Meu nível de energia é baixo.	*Estou cheio de energia e entusiasmo.*
Demoro para ficar curado.	*Meu corpo se cura rapidamente.*
Minhas alergias estão sempre me perturbando.	*O mundo é seguro. Estou em segurança. Estou em paz com a vida.*
Doenças cardíacas são uma constante em minha família.	*Sou saudável. Meu organismo funciona com perfeição.*
Tenho uma doença atrás da outra.	*Tenho boa saúde. Eu me liberto do passado.*
Estou sempre com dor nas costas.	*A vida me ama e me apoia. Estou em segurança.*
Minhas dores de cabeça não passam.	*Minha mente está em paz e tudo vai bem.*
Estou sempre com prisão de ventre.	*Deixo a vida fluir através de mim.*
Vivo com dores nos pés.	*Estou disposto a avançar com facilidade.*
Estou sempre me machucando.	*Sou gentil com meu corpo. Eu me amo.*

"Dou-me permissão para ser saudável."

PONTOS DE PODER

1. Somos responsáveis pelas nossas experiências.
2. Cada pensamento que temos cria nosso futuro.
3. Todos lidamos constantemente com padrões prejudiciais de ressentimento, crítica, culpa e ódio por nós mesmos.
4. Todo pensamento pode ser modificado.
5. Precisamos nos libertar do passado e perdoar todas as pessoas, inclusive nós mesmos.
6. Autoaprovação e autoaceitação, "aqui e agora", são as chaves para mudanças positivas.
7. O ponto do poder está sempre no momento presente.

4
Sentindo-se bem

"É meu direito divino viver satisfeito."

Lista de verificação de bem-estar

- ☐ Vivo ansioso.
- ☐ Tenho medo de gente.
- ☐ Minha solidão é profunda.
- ☐ Tenho dificuldade em expressar meus sentimentos.
- ☐ Meu gênio é incontrolável.
- ☐ Não consigo me concentrar em nada.
- ☐ Todos são contra mim.
- ☐ Não consigo me afirmar.
- ☐ Sou um fracasso.
- ☐ Quero me esconder embaixo das cobertas.

Você se identifica com alguma dessas sensações? Então seria aconselhável trabalhar para o seu bem-estar emocional.

Os problemas emocionais estão entre os que mais nos causam sofrimento. Ocasionalmente, podemos nos sentir irados, tristes, solitários, culpados, ansiosos ou amedrontados. Todavia, quando esses sentimentos passam a nos dominar, a vida pode se transformar num campo de batalha emocional.

O importante é o que *fazemos* com nossos sentimentos. Vamos colocá-los para fora? Puniremos os outros ou os obrigaremos a aceitar nossa vontade? Nos maltrataremos de alguma forma?

Acreditar que "não somos bons o suficiente" geralmente está na raiz de todos esses problemas. Uma boa saúde mental começa com *amar a si mesmo*. Quando nos amamos e nos aceitamos *completamente*, tanto pelo que temos de bom como do que temos daquilo que chamamos de mau, podemos começar a mudar.

Parte da autoaceitação é se libertar das opiniões dos outros. Muitas das coisas em que escolhemos acreditar com relação a nós mesmos não têm o menor fundamento.

Vamos a um exemplo. Anos atrás, quando eu ainda dava consultas particulares, tive um cliente chamado Eric. Ele era muito bonito e trabalhava como modelo, ganhando muito dinheiro. No entanto, contou-me que ficava muito nervoso e passava por maus momentos sempre que tinha de ir à academia de ginástica, porque se achava muito feio.

À medida que fomos trabalhando juntos, descobrimos que quando ele era menino um moleque da vizinhança costumava chamá-lo de "feioso" e constantemente o ameaçava e até o agredia. Para se proteger e sentir-se seguro, Eric passou a se esconder, levando uma vida solitária. Isso o fez criar um sentimento de inadequação, de que não era bom o bastante, e em sua mente ele realmente se achava feio.

Por meio de trabalho no espelho, amor por si próprio e afirmações positivas, Eric conseguiu uma melhora extraordinária. Sei que suas sensações de ansiedade podem voltar ocasionalmente, mas agora ele tem ferramentas para controlá-las.

Lembre-se, sensações de inadequação começam com pensamentos negativos que temos sobre nós mesmos. Contudo, eles só têm poder sobre nós quando *agimos* com base neles. Pensamentos não passam de palavras enfileiradas. Só NÓS MESMOS damos significado a eles. Nós lhes damos significado quando nos concentramos constantemente nas mensagens negativas que martelam nossa mente. Acreditamos no pior sobre nós mesmos. E o que aceitamos é o significado que damos ao pensamento.

Seja qual for o sofrimento que enfrentamos, vamos escolher pensamentos que possam nos nutrir e apoiar.

Trabalho no espelho

Você acredita que merece paz e serenidade em sua vida emocional? Se não crê nisso, não está permitindo a si mesmo possuí-las. Olhe de novo no espelho e diga: "Mereço paz interior e a aceito agora." Repita esta afirmação algumas vezes.

1. **Que tipo de sentimentos emergem com essas palavras?**

____

____

____

____

2. **Como seu corpo se sente?**

____

____

____

____

3. Você age de acordo com o que você sente, ou você ainda não consegue ser verdadeiramente você mesmo?

____

____

____

____

Se você continua com sensações negativas, afirme: "Liberto o padrão em minha consciência que está criando resistência ao que é bom para mim. Mereço me sentir bem."

Repita essas palavras até sentir aceitação. Faça essa afirmação vários dias seguidos. É possível que você se sinta estranho fazendo esses exercícios. Talvez duvide que possam mudar alguma coisa. No entanto, tenho visto eles funcionarem para muitas pessoas. Um passo de cada vez realiza maravilhas.

EXERCÍCIO: Divirta-se com sua criança interior

Quando você se encontra num estado de ansiedade, ou medo, que o impede de funcionar, é possível que tenha abandonado sua criança interior. Pense em algumas formas que poderá usar para reencontrar-se com sua criança interior. O que você faria só por divertimento? O que você faria SÓ PARA VOCÊ?

Faça uma lista de 15 maneiras de se divertir com sua criança interior. É possível que você encontre prazer em ler bons livros, ir ao cinema, cuidar do jardim, manter um diário ou tomar um banho de imersão. E que tal algumas atividades bem "infantis"? Pense sem pressa. Você poderia, por exemplo, correr na praia, ir a um parque de diversões, brincar num balanço, desenhar com lápis de cor ou subir numa árvore. Uma vez feita a lista, tente envolver-se em pelo menos uma atividade a cada dia. Deixe a cura começar!

1. ____
2. ____
3. ____
4. ____
5. ____
6. ____
7. ____
8. ____
9. ____
10. ____
11. ____
12. ____
13. ____
14. ____
15. ____

Olhe só quanta coisa você descobriu! Continue – você pode criar grandes oportunidades de diversão para você e sua criança interior! Sinta o relacionamento entre vocês melhorando a cada dia!

EXERCÍCIO: Sua lista de agradecimentos

Por que você é grato? Como começa o seu dia? Qual é a primeira coisa que pensa ao acordar? É positiva ou negativa? Todas as manhãs eu passo uns dez minutos agradecendo por tudo de bom que existe em minha vida. Faça uma lista de pelo menos dez coisas em sua vida pelas quais você é grato. Leve um mês, se necessário, para fazer a lista. Não se preocupe – não há limite de tempo. E mais, você sempre pode acrescentar alguma coisa. Feche os olhos e pense muito antes de escrever.

1. ______________________________

2. ______________________________

3. ______________________________

4. ______________________________

5. ______________________________

6. ______________________________

7. ______________________________

8. ______________________________

9. ______________________________

10. ______________________________

EXERCÍCIO: Sentimentos positivos

Vamos examinar seus sentimentos. Nas linhas seguintes, escreva cinquenta coisas positivas sobre você mesmo. Preste atenção nos seus sentimentos enquanto pratica o exercício. Há alguma resistência? É difícil para você ver-se sob uma luz positiva? Continue! Lembre-se do quanto você é poderoso!

1. ______
2. ______
3. ______
4. ______
5. ______
6. ______
7. ______
8. ______
9. ______
10. ______
11. ______
12. ______
13. ______
14. ______
15. ______
16. ______
17. ______
18. ______

19. ___

20. ___

21. ___

22. ___

23. ___

24. ___

25. ___

26. ___

27. ___

28. ___

29. ___

30. ___

31. ___

32. ___

33. ___

34. ___

35. ___

36. ___

37. ___

38. ______________________________

39. ______________________________

40. ______________________________

41. ______________________________

42. ______________________________

43. ______________________________

44. ______________________________

45. ______________________________

46. ______________________________

47. ______________________________

48. ______________________________

49. ______________________________

50. ______________________________

Agora reveja a lista de verificação na página 51 e as afirmações que correspondem a cada crença. Faça com que as afirmações se tornem parte de sua rotina diária.

Se você acredita:	**Sua afirmação é:**
Vivo ansioso.	*Estou em paz.*
Tenho medo de gente.	*Amar os outros é fácil quando me amo e me aceito.*

(cont.)

Se você acredita:	**Sua afirmação é:**
Minha solidão é profunda.	*Estou seguro, tudo muda.*
Tenho dificuldade em expressar meus sentimentos.	*É seguro expressar meus sentimentos.*
Meu gênio é incontrolável.	*Estou em paz comigo mesmo e com a vida.*
Não consigo me concentrar em nada.	*Minha visão interior é clara e nítida.*
Todos são contra mim.	*Sou digno de amor e todos me amam.*
Não consigo me afirmar.	*Amo quem sou, e afirmo meu poder sabiamente.*
Sou um fracasso.	*Minha vida é um sucesso.*
Quero me esconder embaixo das cobertas.	*Agora vou além dos velhos medos e limitações.*

“Dou-me permissão para relaxar.”

PONTOS DE PODER

1. Somos responsáveis pelas nossas experiências.
2. Cada pensamento que temos cria nosso futuro.
3. Todos lidamos constantemente com padrões prejudiciais de ressentimento, crítica, culpa e ódio por nós mesmos.
4. Todo pensamento pode ser modificado.
5. Precisamos nos libertar do passado e perdoar todas as pessoas, inclusive nós mesmos.
6. Autoaprovação e autoaceitação, "aqui e agora", são as chaves para mudanças positivas.
7. O ponto do poder está sempre no momento presente.

5
Medos e fobias

"Medos não passam de pensamentos, e pensamentos podem ser abandonados."

Lista de verificação de medos e fobias

- ☐ Tenho medo de sair de casa.
- ☐ Não vai funcionar para mim.
- ☐ Envelhecer me assusta.
- ☐ Tenho medo de avião.
- ☐ Gente me assusta.
- ☐ E se eu não tiver onde morar?
- ☐ Fico claustrofóbico quando dirijo.
- ☐ E se eu tiver uma morte dolorosa?
- ☐ Tenho medo de ficar sozinho.
- ☐ Jamais serei capaz de aceitar a velhice.

Quantas dessas frases você diria? Examinemos os mecanismos por trás do medo.

Em qualquer situação, temos uma escolha entre o amor e o medo. Sentimos medo de mudar, de não mudar, medo do futuro, medo de arriscar. Tememos a intimidade, tememos ficar sozinhos. Temos medo de mostrar às pessoas quem somos e do que precisamos, e sentimos medo de abandonar o passado.

Na outra extremidade do espectro está o amor. Ele é o milagre que todos procuramos. Amar a nós mesmos realiza milagres em nossas vidas. Não estou falando de vaidade ou arrogância, pois isso não é amor, mas apenas medo. Estou falando de um grande respeito por nós mesmos e uma gratidão pelo milagre de nosso corpo e de nossa mente.

Lembre-se de que quando você sente medo não está amando e confiando em si mesmo. Não se sentir "bom o bastante" interfere no processo de tomada de decisões. Como alguém pode tomar uma boa decisão quando duvida de si mesmo?

Susan Jeffrers, em seu maravilhoso livro *Tenha medo... e siga em frente*, diz que "se todos sentem medo quando se aproximam de algo totalmente novo em sua vida e muitos 'seguem em frente', apesar do medo, devemos concluir que *o medo não é o problema*". Ela acrescenta que a verdadeira questão não é o medo, mas o modo como *agarramos* o medo. Podemos enfrentá-lo a partir de uma posição de poder ou desamparo. Então, o fato de sentirmos o medo torna-se irrelevante.

Sentimos que o que *pensamos* é o problema, mas devemos descobrir qual é o *verdadeiro* problema. Em geral, o verdadeiro problema é não se sentir "bom o bastante" e falta de amor por si próprio.

Somos sempre perfeitos, sempre belos e estamos sempre em mutação. Somos o melhor que podemos com a compreensão, conhecimento e nível de consciência que possuímos em um determinado momento. À medida que mudamos e evoluímos, nos aprimoramos.

EXERCÍCIO: Deixar ir

Durante a leitura deste exercício, respire fundo e, enquanto vai exalando, deixe a tensão abandonar seu corpo. Descontraia sua testa, o couro cabeludo e os músculos do rosto, deixando-os relaxar. Sua cabeça não precisa estar tensa para você ler. Deixe sua língua, garganta e ombros relaxarem. Você pode segurar um livro com braços e mãos relaxados. Faça isso agora. Deixe suas costas, abdome e pelve relaxarem. Deixe sua respiração ficar tranquila enquanto você relaxa pernas e pés.

Você sentiu alguma mudança marcante no corpo desde que começou a ler o parágrafo anterior? Note o quanto você se prende, o quanto se contém. Se você está se contraindo fisicamente, está se contraindo também mentalmente.

Agora, nessa posição confortável e relaxada, diga a si mesmo: "Estou disposto a deixar ir. Eu liberto. Deixo ir. Libero toda a tensão. Solto todo o medo. Solto toda a raiva. Solto toda a culpa. Solto toda a tristeza. Abandono todas as antigas limitações. Eu deixo ir e estou em paz. Estou em paz comigo mesmo. Estou em paz com o processo da vida. Estou em segurança."

Repita este exercício duas ou três vezes. Sinta o conforto de deixar ir. Faça-o novamente sempre que surgirem pensamentos de dificuldade. É preciso um pouco de treino até que essa rotina se torne parte integrante de você. Quando estiver acostumado com o exercício, você poderá fazê-lo em qualquer hora, em qualquer lugar. Será capaz de relaxar completamente em qualquer situação.

EXERCÍCIO: Medos e afirmações

Depois de cada categoria listada abaixo, escreva seu maior medo. Em seguida, pense numa afirmação positiva que corresponderia a ele.

1. **Carreira**
   Exemplo:
   Receio que ninguém jamais reconhecerá meu valor.

Seu medo:

____

____

____

____

   Exemplo de afirmação:
   No trabalho, todos me apreciam.

Sua afirmação:

____

____

____

____

2. **Situação de vida**
   Exemplo:
   Nunca terei um lugar só meu para morar.

Seu medo:

____

____

____

____

Exemplo de afirmação:
Existe um lar perfeito para mim e o aceito agora.

Sua afirmação:

____

____

____

____

3. **Relações familiares**
   Exemplo:
   Meus pais não me aceitam como sou.

Seu medo:

____

____

____

____

Exemplo de afirmação:
Aceito meus pais, e eles, por sua vez, me amam e aceitam.

Sua afirmação:

____

____

____

____

4. **Dinheiro**
   Exemplo:
   Tenho medo de ser pobre.

Seu medo:

____

____

____

____

Exemplo de afirmação:
Sei que todas as minhas necessidades serão atendidas.

Sua afirmação:

____

____

____

____

5. **Aparência física**
   Exemplo:
   Acho que sou gorda e feia.

Seu medo:

Exemplo de afirmação:
Abandono a necessidade de criticar meu corpo.

Sua afirmação:

6. **Sexo**
   Exemplo:
   Sinto medo do que terei de "fazer".

Seu medo:

Exemplo de afirmação:
Estou relaxado e fluo com a vida facilmente, sem esforço.

Sua afirmação:

7. **Saúde**
   Exemplo:
   Tenho medo de ficar doente e ser incapaz de cuidar de mim mesmo.

Seu medo:

Exemplo de afirmação:
Sempre atrairei toda a ajuda de que necessito.

Sua afirmação:

8. **Relacionamentos**
   Exemplo:
   Acho que nunca vou encontrar alguém que me ame.

Seu medo:

____

____

____

____

   Exemplo de afirmação:
   O amor e a aceitação são meus. Eu me amo.

Sua afirmação:

____

____

____

____

9. **Velhice**
   Exemplo:
   Tenho medo de ficar velho.

Seu medo:

Exemplo de afirmação:
Qualquer idade tem infinitas possibilidades.

Sua afirmação:

10. **Morte**
Exemplo:
E se não houver vida após a morte?

Seu medo:

Exemplo de afirmação:
Confio no processo da vida. Estou numa viagem interminável pela eternidade.

Sua afirmação:

____

____

____

____

EXERCÍCIO: Afirmações positivas

Escolha uma área de medo do exercício anterior que lhe seja mais próxima. Usando a visualização, veja-se passando por esse medo e depois obtendo um resultado positivo. Veja-se sentindo-se livre e em paz. Escreva uma afirmação positiva 25 vezes. Lembre-se do manancial de poder com o qual está se ligando!

1. ____
2. ____
3. ____
4. ____
5. ____
6. ____
7. ____

8. ____

9. ____

10. ____

11. ____

12. ____

13. ____

14. ____

15. ____

16. ____

17. ____

18. ____

19. ____

20. ____

21. ____

22. ____

23. ____

24. ____

25. ____

Reveja a lista de verificação da página 63 e estude as afirmações que correspondem a cada uma delas. Torne essas afirmações parte de sua rotina diária. Repita-as frequentemente enquanto dirige, no trabalho, diante do espelho ou em qualquer momento que sentir as crenças negativas emergindo.

Se você acredita:	**Sua afirmação é:**
Tenho medo de sair de casa.	*Estou sempre seguro e protegido.*
Não vai funcionar para mim.	*Minhas decisões são sempre perfeitas para mim.*
Envelhecer me assusta.	*Minha idade é perfeita e gozo cada novo momento.*
Tenho medo de avião.	*Centro-me na segurança e aceito a perfeição de minha vida.*
Gente me assusta.	*Sou amado e sinto-me em segurança em todos os lugares que frequento.*
E se eu não tiver onde morar?	*Estou em casa no universo.*
Fico claustrofóbico quando dirijo.	*Relaxo e avanço com alegria, facilidade e conforto.*
E se eu tiver uma morte dolorosa?	*Morrerei pacífica e confortavelmente na hora certa.*
Tenho medo de ficar sozinho.	*Expresso amor e sempre atrairei amor, aonde quer que eu vá.*
Jamais serei capaz de aceitar a velhice.	*Cada idade tem infinitas possibilidades. Eu me aceito e me amo em todas as situações.*

"Dou-me permissão para estar em paz."

PONTOS DE PODER

1. Somos responsáveis pelas nossas experiências.
2. Cada pensamento que temos cria nosso futuro.
3. Todos lidamos constantemente com padrões prejudiciais de ressentimento, crítica, culpa e ódio por nós mesmos.
4. Todo pensamento pode ser modificado.
5. Precisamos nos libertar do passado e perdoar todas as pessoas, inclusive nós mesmos.
6. Autoaprovação e autoaceitação, "aqui e agora", são as chaves para mudanças positivas.
7. O ponto do poder está sempre no momento presente.

6
Raiva

"Aceito todas as minhas emoções com amor."

Lista de verificação de raiva

- ☐ Tenho medo de ficar com raiva.
- ☐ Quando fico com raiva, perco o controle.
- ☐ Não tenho o direito de sentir raiva.
- ☐ Ter raiva é ruim.
- ☐ Fico assustado quando vejo alguém com raiva.
- ☐ Não é seguro ficar com raiva.
- ☐ Meus pais não me deixam expressar raiva.
- ☐ Não serei amado se ficar com raiva.
- ☐ Tenho de esconder minha raiva.
- ☐ Sufocar a raiva me deixa doente.
- ☐ Nunca senti raiva.
- ☐ Se eu ficar com raiva, machucarei alguém.

Você reconhece algumas dessas sensações? A raiva pode ser uma de nossas maiores barreiras.

A raiva é uma emoção natural e normal. Os bebês ficam furiosos, expressam sua fúria e depois, tudo passa. Muitos de nós aprenderam que não é bonito, educado ou aceitável sentir raiva. Aprendemos a engolir nossas raivas, e elas se acumulam em nosso corpo, em especial nas articulações e nos músculos.

A raiva acumulada transforma-se em ressentimento, e são camadas após camadas de ressentimento que contribuem para o aparecimento de doenças como artrites, fibrosites, miosites e até câncer.

Precisamos reconhecer todos os nossos sentimentos, inclusive a raiva, e encontrar modos de expressá-los. Isso não significa agredir ou ofender os outros. Basta dizer simples e claramente: "Isso me deixa com raiva" ou "O que você fez me deixou com raiva". Se não for apropriado usar esse método, ainda restam muitas opções: pode-se gritar com a boca contra uma almofada. Socar o colchão. Chutar o travesseiro. Correr. Berrar dentro do automóvel, com as janelas fechadas. Jogar tênis ou praticar qualquer outro esporte. São opções saudáveis.

1. **Qual era o padrão de raiva em sua família?**

____

____

____

____

2. **O que seu pai fazia quando ficava com raiva?**

____

____

____

____

3. O que sua mãe fazia quando ficava com raiva?

____

____

____

____

4. O que seus irmãos, ou irmãs, faziam quando ficavam com raiva?

____

____

____

____

5. Havia um bode expiatório na família?

____

____

____

____

6. O que você fazia com sua raiva quando era criança?

____

____

____

____

7. **Você expressava sua raiva ou a reprimia?**

8. **Que método você usava para se conter?**

9. **Na infância, você:**

comia demais?	☐ Sim	☐ Não
estava sempre doente?	☐ Sim	☐ Não
tinha propensão a acidentes?	☐ Sim	☐ Não
vivia se metendo em brigas?	☐ Sim	☐ Não
era mau aluno?	☐ Sim	☐ Não
chorava muito?	☐ Sim	☐ Não

10. **Atualmente, como você lida com sua raiva?**

11. Você vê, em suas atitudes, a repetição de um padrão familiar?

____

____

____

____

12. Com que membro da família você se parece quando se trata de demonstrar raiva?

____

____

____

____

13. Você acha que tem o "direito" de sentir raiva?

____

____

____

____

14. Por que não? Quem lhe disse isso?

____

____

____

____

15. Você consegue se dar permissão de expressar todos os seus sentimentos de maneira adequada?

____

____

____

____

Uma coisa simples e rápida que você pode fazer quando está tomado pelos sentimentos é saltar no mesmo lugar várias vezes, dizendo em voz alta: "Sim! Não! Saia de mim! Sim! Não! Saia de mim!" Tente. Esse exercício faz maravilhas, proporcionando libertação imediata.

Se você tem muita raiva acumulada, pode ser o tipo de pessoa que está sempre irritada com tudo. A raiva está borbulhando logo abaixo da superfície e qualquer coisa a faz emergir. Pode ser que você não a expresse, mas, com certeza, fica resmungando e tem muitos pensamentos preconceituosos e ressentimentos. Talvez seja daqueles que vivem criticando os outros. Se for o caso, sem dúvida você também está sempre se criticando. Assim, é bom se perguntar:

1. **O que eu ganho ficando com raiva o tempo todo?**

___

___

___

___

2. **O que acontecerá se eu abandonar minha raiva?**

___

___

___

___

3. **Estou disposto a perdoar e me libertar?**

___

___

___

___

EXERCÍCIO: Escreva uma carta

Pense em alguém de quem ainda sente raiva. Talvez seja uma raiva bem antiga. Escreva uma carta a essa pessoa, contando-lhe todas as suas queixas e explicando como se sente. Não omita nada. Expresse-se ao máximo. Não se prenda ao número de linhas a seguir. Se achar necessário, use mais papel.

Terminada a carta, leia-a por inteiro uma vez. Depois dobre-a e escreva no lado de fora: "O que realmente desejo é seu amor e aprovação." Em seguida, queime a carta e esqueça-se dela.

Trabalho no espelho

Escolha uma pessoa de quem sente raiva. Pode ser a mesma da carta, ou outra. Deixe alguns lenços à mão para o caso de começar a chorar. De frente para um espelho, olhe dentro de seus olhos e procure ver essa pessoa. Diga a ela por que você está com tanta raiva.

Quando terminar, fale: "O que realmente quero é seu amor e aprovação." Isso é o que todos procuramos: amor e aprovação. É o que queremos de todos e todos querem de nós. Amor e aprovação trazem harmonia à nossa vida.

Para nos libertarmos, precisamos desatar os velhos nós que nos prendem. Assim, olhe-se de novo no espelho e afirme: "Estou disposto a me livrar da necessidade de ser uma pessoa irritada." Preste atenção para distinguir se você está mesmo disposto a se libertar ou ainda deseja ficar preso ao passado.

Reveja a lista de verificação abaixo, tirada da página 77. Ao lado de cada crença está a afirmação positiva correspondente. Repita-as várias vezes: no carro, escovando os dentes, diante do espelho, a qualquer hora que sentir os pensamentos negativos emergindo.

Se você acredita:	**Sua afirmação é:**
Tenho medo de ficar com raiva.	*Reconheço todos os meus sentimentos.* *É seguro para mim reconhecer minha raiva.*
Quando fico com raiva, perco o controle.	*Demonstro minha raiva de modo adequado e nos lugares certos.*

(Cont.)

Se você acredita:	**Sua afirmação é:**
Não tenho o direito de sentir raiva.	*Todas as minhas emoções são aceitáveis.*
Ter raiva é ruim.	*A raiva é normal e natural.*
Fico assustado quando vejo alguém com raiva.	*Tranquilizo minha criança interior e ambos ficamos seguros.*
Não é seguro ficar com raiva.	*Estou sempre em segurança, com todas as minhas emoções.*
Meus pais não me deixam expressar raiva.	*Vou além das limitações de meus pais.*
Não serei amado se ficar com raiva.	*Quanto mais sincero for, mais amado serei.*
Tenho de esconder minha raiva.	*Demonstro minha raiva de maneira apropriada.*
Sufocar a raiva me deixa doente.	*Eu me permito ter liberdade com todas as minhas emoções, incluindo a raiva.*
Nunca senti raiva.	*Atitudes apropriadas de raiva me mantêm saudável.*
Se eu ficar com raiva, machucarei alguém.	*Todos estão seguros comigo quando expresso minhas emoções.*

"Dou-me permissão de reconhecer meus sentimentos."

PONTOS DE PODER

1. Somos responsáveis pelas nossas experiências.
2. Cada pensamento que temos cria nosso futuro.
3. Todos lidamos constantemente com padrões prejudiciais de ressentimento, crítica, culpa e ódio por nós mesmos.
4. Todo pensamento pode ser modificado.
5. Precisamos nos libertar do passado e perdoar todas as pessoas, inclusive nós mesmos.
6. Autoaprovação e autoaceitação, "aqui e agora", são as chaves para mudanças positivas.
7. O ponto do poder está sempre no momento presente.

7
Crítica e julgamento

Lista de verificação de crítica e julgamento

- ☐ Por que existem tantos maus motoristas?
- ☐ Esse pessoal é burro.
- ☐ Sou mesmo um idiota.
- ☐ Eu iria, se não fosse tão gordo.
- ☐ São as roupas mais feias que já vi na vida.
- ☐ Eles nunca conseguirão terminar esse trabalho.
- ☐ Sou mesmo um desajeitado.
- ☐ Nunca vi gente tão porca.
- ☐ Meus vizinhos são barulhentos.
- ☐ Ninguém pede minha opinião.
- ☐ Como alguém tem coragem de andar num carro tão velho?
- ☐ Odeio o jeito como ele ri.

Frases desse tipo fazem parte de seu diálogo interior? Você, intimamente, está sempre julgando? Está sempre vendo o mundo com olhos excessivamente críticos? Julga todas as coisas? Acha que é um modelo de virtudes?

A maioria das pessoas tem um hábito tão enraizado de criticar e julgar que é muito difícil se livrar dele. Esse é um aspecto que deve ser trabalhado sem demora. Nunca seremos realmente capazes de amar a nós mesmos se não nos livrarmos da necessidade de fazer da vida uma coisa errada.

Quando você era um bebezinho, estava totalmente aberto para a vida e olhava para o mundo com olhos encantados. Aceitava a vida como ela era, a não ser quando algo o assustava ou alguém o maltratava. Mais tarde, à medida que foi crescendo, você começou a aceitar as opiniões dos outros e torná-las suas. Você aprendeu a criticar.

1. **Qual era o padrão de crítica e julgamento em sua família?**

____

____

____

____

2. **O que você aprendeu sobre crítica com sua mãe?**

____

____

____

____

3. **Que coisas ela criticava?**

____

____

____

____

4. Ela criticava você?

5. Por qual motivo?

6. Quando seu pai julgava os outros?

7. Ele julgava a si mesmo?

8. Como seu pai julgava você?

9. Era hábito em sua família criticarem-se uns aos outros?

10. Quando e como o faziam?

11. Pelo que recorda, qual a primeira vez em que você foi criticado?

12. Como sua família julgava os vizinhos?

---

13. Você teve professores compreensivos e carinhosos na escola? Ou eles estavam sempre apontando suas falhas? Que tipo de coisas lhe diziam?

---

14. Você já pode começar a entender onde adquiriu esse hábito? Quem era a pessoa mais crítica em sua infância?

Pode ser que você tenha sido levado a acreditar que precisa ser crítico consigo mesmo se quiser evoluir e mudar. Eu não concordo com esse conceito!

Acredito que a crítica faz nosso espírito definhar e só serve para reforçar a crença de que "não somos bons o bastante". Com toda certeza, ela não revela o melhor de nós.

EXERCÍCIO: Substituindo seus "deveria"

Como eu já disse inúmeras vezes, acredito que "deveria" é uma das palavras mais prejudiciais de nossa língua. Cada vez que a usamos, estamos, na verdade, dizendo "errado". Nós estamos errados, estávamos errados ou estaremos errados. Eu gostaria de eliminar a palavra "deveria" de seu vocabulário para sempre e substituí-la por "poderia". "Poderia" nos permite escolha, e com essa palavra nunca estamos errados. Agora pense em cinco coisas que você "deveria" fazer.

Eu deveria:

1. ____________________

2. ____________________

3. ____________________

4. ____________________

5. ____________________

Substitua DEVERIA por PODERIA.

Eu poderia:

1. ______________________________

2. ______________________________

3. ______________________________

4. ______________________________

5. ______________________________

Agora, pergunte-se: "E por que não fiz isso?" É possível que você descubra que esteve se criticando por algo que nunca desejou fazer ou que jamais foi ideia sua. Quantos "deveria" você pode cortar de sua lista?

EXERCÍCIO: Sua lista de críticas

Faça uma lista de cinco coisas que você critica em si mesmo:

1. ______________________________

2. ______________________________

3. ______________________________

4. ______________________________

5. ______________________________

Agora, releia a lista e ponha uma data ao lado de cada crítica – a data em que você começou a acrescentar esse item à sua lista de "ser errado".

Não é extraordinário descobrir há quanto tempo você vem se censurando pela mesma coisa? Por acaso esse hábito teve como resultado mudanças positivas? Não, claro que não. A crítica não funciona! Ela só serve para fazer você se sentir mal. Assim, disponha-se a acabar com ela.

Para crescer e desabrochar, uma criança precisa de amor, aceitação e elogios. Podemos mostrar melhores opções de fazer as coisas, sem que nosso modo de fazê-las se torne "errado". A criança dentro de você ainda continua precisando desse amor e aprovação.

"Eu amo você e sei que está fazendo o melhor que pode."

"Você, para mim, é perfeita assim mesmo."

"Você fica mais maravilhosa a cada dia que passa."

"Eu aprovo você."

"Vamos ver se descobrimos um modo melhor de fazer isso."

"Crescer e mudar é divertido, vamos fazê-lo juntos."

São essas as frases que as crianças querem ouvir. Elas as fazem se sentir bem. E, quando se sentem bem, elas fazem o melhor que podem e desabrocham de maneira encantadora.

Se sua criança interior, ou seu filho, está acostumada a ser sempre "errada", é possível que leve algum tempo para aceitar as frases novas e positivas. Se você tomar uma decisão definitiva de abandonar as críticas e se mantiver firme nela, conseguirá milagres.

Dê-se um mês de conversa com sua criança interior em termos positivos. Use as afirmações dadas acima. Crie algumas só suas. Carregue uma lista delas consigo. Quando perceber que está julgando os outros ou a si mesmo pegue sua lista e leia-a duas ou três vezes. Melhor ainda, leia-a em voz alta, diante de um espelho.

EXERCÍCIO: O que o irrita?

Quem mais você censura? Escreva o nome de cinco pessoas e o que acontece com elas que mais o irrita.

Exemplo:
George. Ele nunca sorri.
Sally. A maquiagem dela é horrível.

1. ______________________________

2. ______________________________

3. ______________________________

4. ______________________________

5. ______________________________

Agora, escreva os nomes dessas mesmas pessoas e faça outra lista. Desta vez encontre algo de positivo para dizer sobre cada uma delas – algo que você possa elogiar. Procure bem. Qualquer coisa serve, mesmo que seja muito pequena.

1. ______________________________

2. ______________________________

3. ______________________________

4. ______________________________

5. ______________________________

De agora em diante, sempre que pensar nessas pessoas, use uma sentença da lista dos elogios. Mantenha sua mente cheia de pensamentos positivos. Crie o hábito de deixar apenas comentários positivos saírem de sua boca. Se você deseja mudar sua vida, precisa controlar sua boca.

EXERCÍCIO: Ouça a si mesmo

Este exercício exige o uso de um gravador. Grave suas conversas ao telefone durante mais ou menos uma semana – apenas sua voz. Quando a fita estiver gravada nos dois lados, sente-se e ouça-a. Ouça não apenas o que você disse, mas o modo como falou. Quais são suas crenças? Quem e o que você critica? Falando, com quem você se parece, seu pai, sua mãe ou outra pessoa da família?

À medida que for se libertando da necessidade de implicar consigo mesmo o tempo todo, você notará que os outros não criticarão tanto.

Quando permite que tudo está certo para você, automaticamente consente que os outros sejam eles mesmos. Os pequenos hábitos dessas pessoas deixam de irritá-lo. Você se livra da necessidade de "mudá-los" conforme o seu gosto. E parando de julgá-los, eles abandonam a necessidade de julgar você. Aí, todos ficam livres.

Releia a lista de verificação abaixo, tirada da página 89, e estude as afirmações correspondentes a cada crença. Torne-as parte de sua rotina diária. Repita-as frequentemente enquanto dirige, diante do espelho, no trabalho ou quando sentir as crenças negativas emergindo.

Se você acredita:	**Sua afirmação é:**
Por que existem tantos maus motoristas?	*Amorosamente eu me cerco de motoristas maravilhosos.*
Esse pessoal é burro.	*Todos estão fazendo o melhor que podem, inclusive eu.*
Sou mesmo um idiota.	*Eu me amo e me aprovo.*
Eu iria, se não fosse tão gordo.	*Aprecio a maravilha que é meu corpo.*
São as roupas mais feias que já vi na vida.	*Amo a singularidade que as pessoas expressam por meio de seus trajes.*
Eles nunca conseguirão terminar esse trabalho.	*Liberto-me da necessidade de criticar os outros.*
Sou mesmo um desajeitado.	*Torno-me mais habilidoso a cada dia.*
Nunca vi gente tão porca.	*Limpo e arrumo tudo nos cômodos de minha mente, e isso se reflete nos que me cercam.*
Meus vizinhos são barulhentos.	*Liberto-me da necessidade de ser perturbado.*
Ninguém pede minha opinião.	*Minhas opiniões são valorizadas.*
Como alguém tem coragem de andar num carro tão velho?	*Amorosamente apoio sua escolha do meio de transporte.*
Odeio o jeito como ele ri.	*Eu me alegro com uma risada sempre que a ouço.*

PONTOS DE PODER

1. Somos responsáveis pelas nossas experiências.
2. Cada pensamento que temos cria nosso futuro.
3. Todos lidamos constantemente com padrões prejudiciais de ressentimento, crítica, culpa e ódio por nós mesmos.
4. Todo pensamento pode ser modificado.
5. Precisamos nos libertar do passado e perdoar todas as pessoas, inclusive nós mesmos.
6. Autoaprovação e autoaceitação, "aqui e agora", são as chaves para mudanças positivas.
7. O ponto do poder está sempre no momento presente.

8
Vícios

"Nenhuma pessoa, lugar, ou coisa tem poder sobre mim. Sou livre."

Lista de verificação de vícios

- ☐ Quero me sentir melhor neste instante.
- ☐ O cigarro reduz minha tensão.
- ☐ Fazer muito sexo me ajuda a fugir da realidade.
- ☐ Não consigo parar de comer.
- ☐ A bebida me torna sociável.
- ☐ Preciso da perfeição.
- ☐ Jogo demais.
- ☐ Tenho necessidade de tranquilizantes.
- ☐ Não consigo parar de comprar.
- ☐ Não consigo me afastar de relacionamentos abusivos.

Quantas dessas frases você diria? Vamos analisar melhor esses comportamentos.

O vício é uma outra forma de dizer: "Não sou bom o bastante." Quando estamos presos a esse tipo de comportamento, a verdade é que tentamos fugir de nós mesmos. Não conseguimos entrar em contato com nossos sentimentos. Algo que estamos fazendo, dizendo ou em que acreditamos é doloroso demais para enfrentarmos, por isso, procuramos fugir, comendo demais, bebendo demais, tendo um comportamento sexual compulsivo, tomando comprimidos, gastando um dinheiro que não possuímos ou criando relacionamentos que só nos causam sofrimento.

Existem vários programas, como o dos 12 passos, que lidam com a maioria desses vícios e têm funcionado bem para milhares de pessoas. Claro que não espero reproduzir num único capítulo o que esses programas fizeram por pessoas viciadas. Todavia, creio que antes de mais nada, precisamos entender que dentro de nós existe uma inclinação para o comportamento compulsivo, que tem de ser abandonada para que uma mudança de comportamento ocorra.

Amar-se e aprovar-se, confiar no processo da vida, sentir-se seguro por conhecer o poder da própria mente são temas de máxima importância quando se lida com vícios. Minhas experiências com viciados me mostraram que praticamente todos têm uma coisa em comum: profundo ódio de si mesmos. Eles não se perdoam. Ficam se punindo, dia após dia. Por quê? Porque, em algum momento de sua infância, admitiram que não eram bons o bastante, que eram maus e precisavam ser castigados. O abuso físico, emocional ou sexual na infância contribui para que a pessoa odeie a si mesmo. A franqueza, o perdão, o amor a si próprio e o desejo de viver a verdade podem ajudar na cura dessas velhas feridas e dar ao viciado uma saída para seu comportamento. Também descobri que há muito medo na personalidade do viciado. Existe um profundo temor em abandonar os sentimentos negativos e passar a confiar no processo da vida. Enquanto acreditarmos que o mundo é um lugar inseguro, cheio de pessoas e situações prontas para nos "pegar", isso será nossa realidade.

Você está disposto a abandonar ideias e crenças que não o apoiam e nutrem? Então, está pronto para continuar nossa viagem.

EXERCÍCIO: Libere seus vícios

Aqui é onde acontece a mudança – exatamente aqui e agora, em nossa própria mente! Respire fundo, feche os olhos e pense na pessoa coisa, ou lugar em que você é viciado. Pense na insanidade por trás desse vício. Entenda que você está procurando consertar o que pensa estar errado no seu interior, agarrando-se a algo que está fora de você. O ponto do poder está no momento presente, e você pode começar a mudança hoje mesmo.

De novo, mostre-se disposto a deixar partir a necessidade. Diga:

"Estou disposto a soltar a necessidade de ____________ *em minha vida. Eu a deixo ir agora e confio no processo da vida para me conceder o que preciso."*

Diga essas palavras todas as manhãs em sua meditação e preces diárias. Você deu um outro passo em direção à liberdade.

EXERCÍCIO: Seu vício secreto

Liste dez segredos relacionados com seu vício que nunca revelou a ninguém. Por exemplo, se come demais, é possível que um dia tenha comido alguma coisa que pegou no lixo. Se você é alcoólatra, pode ter escondido bebida no automóvel para beber enquanto estava dirigindo. Se o problema é jogo, quem sabe um dia você arriscou deixar sua família na miséria ao fazer um empréstimo para poder continuar com seu vício.

1. ____________________

2. ____________________

3. ____________________

4. ____________________

5. ____________________

6. ____________________

7. ____________________

8. ____________________

9. ____________________

10. ____________________

Como você se sente agora? Reveja seu "pior" segredo. Visualize-se no período de sua vida em que ele aconteceu e *ame* a si mesmo. Diga a essa pessoa, que é você, o quanto a ama e perdoa. Depois mire-se no espelho e diga: "Eu o perdoo e o amo exatamente como você é." Respire fundo algumas vezes.

EXERCÍCIO: Pergunte a sua família

Voltemos a sua infância por um momento e façamos algumas perguntas.

1. Minha mãe sempre me obrigava a...

2. O que eu realmente gostaria que ela dissesse era...

3. O que minha mãe na verdade não sabia era...

4. Meu pai me dizia que eu não devia...

5. Gostaria de ter contado ao meu pai que...

6. Mãe, eu a perdoo por...

7. Pai, eu o perdoo por...

8. **O que mais você gostaria de contar a seus pais sobre si mesmo? Qual é a questão que você ainda não superou?**

____

____

____

____

Muitas pessoas que me procuram dizem que não podem usufruir do presente devido a algo que aconteceu no passado. Agarrarmo-nos ao passado só serve para NOS MAGOAR. É uma recusa de vivermos o presente. O passado passou, nada nele pode ser mudado. Agora é o momento que podemos usufruir.

EXERCÍCIO: **Libertar-se do passado**

Vamos agora limpar o passado da mente. Liberte-se da ligação emocional que mantém com ele. Deixe as memórias serem apenas memórias.

Se você se recorda, por exemplo, de uma roupa que usou quando tinha 10 anos, em geral não existe nenhuma ligação maior com ela. Isso não passa de uma lembrança.

Assim deve ser para todos os eventos passados. À medida que os deixamos ir, ficamos livres para usar todo o nosso poder mental para gozar o momento presente e criar um belo futuro.

Não temos de ficar continuamente nos punindo pelo passado.

1. **Faça uma lista de todas as coisas que você está disposto a largar.**

___

___

___

___

2. **Quanto você está disposto a largar? Preste atenção em suas reações e depois descreva-as.**

___

___

___

___

3. **O que você terá de fazer para largar essas coisas? Qual é o seu grau de disposição para isso?**

___

___

___

___

EXERCÍCIO: Autoaprovação

Como o ódio por si mesmo tem um peso muito grande nos vícios, agora faremos um dos meus exercícios preferidos e que mais uso. Já o indiquei a milhares de pessoas, e os resultados são sempre fenomenais.

Durante um mês, sempre que pensar em seu vício, diga repetidamente a si mesmo: "EU GOSTO DE MIM."

Repita isso trezentas ou quatrocentas vezes por dia. Não, não é demais. Quando você está preocupado com alguma coisa, pensa nesse problema no mínimo esse número de vezes. Deixe "Eu gosto de mim" tornar-se um mantra, uma frase que você repete constantemente, quase sem parar.

Uma coisa é certa. Dizer "Eu gosto de mim" faz emergir de sua consciência tudo o que se opõe a essa afirmação. Se aparecer um pensamento negativo, por exemplo: "Como você pode gostar de si mesmo quando torrou sem pensar todo o seu dinheiro?" Ou: "Você comeu todas aquelas fatias de bolo" ou "Você não presta para nada", seja qual for o diálogo negativo em seu interior, essa é a hora de assumir o controle de sua mente. Não dê importância à conversa. Veja o pensamento como ele é na realidade: um outro meio de mantê-lo preso ao passado. Então, com delicadeza, diga a esse pensamento: "Muito obrigado por você ter feito parte de mim. Agora eu o liberto, e gosto de mim." Lembre-se de que pensamentos de resistência só adquirem poder quando você escolhe acreditar neles.

Consulte a lista de verificação a seguir, tirada da página 101. Encontre a afirmação que corresponde a cada crença. Torne-as parte de sua rotina diária. Repita-as trabalhando, dirigindo, escovando os dentes, a qualquer hora.

Se você acredita:	Sua afirmação é:
Quero me sentir melhor neste instante	*Estou em paz.*
O cigarro reduz minha tensão.	*Libero minha tensão facilmente.*
Fazer muito sexo me ajuda a fugir da realidade.	*Tenho o poder, a resistência e o conhecimento para cuidar de tudo em minha vida.*
Não consigo parar de comer.	*O amor me cerca, me protege e me nutre.*
A bebida me torna sociável.	*Irradio aceitação e sou profundamente amado pelos outros.*
Preciso da perfeição.	*Permito a mudança e dou boas-vindas a ela.*
Jogo demais.	*Estou aberto à sabedoria interior.*
Tenho necessidade de tranquilizantes.	*Relaxo dentro do fluxo da vida e deixo que ela me forneça tudo o que preciso com a maior facilidade.*
Não consigo parar de comprar.	*Estou disposto a criar novos pensamentos sobre mim mesmo e minha vida.*
Não consigo me afastar de relacionamentos abusivos.	*Sou poderoso e capaz. Eu me amo e valorizo por inteiro.*

"Dou-me permissão para mudar."

PONTOS DE PODER

1. Somos responsáveis pelas nossas experiências.
2. Cada pensamento que temos cria nosso futuro.
3. Todos lidamos constantemente com padrões prejudiciais de ressentimento, crítica, culpa e ódio por nós mesmos.
4. Todo pensamento pode ser modificado.
5. Precisamos nos libertar do passado e perdoar todas as pessoas, inclusive nós mesmos.
6. Autoaprovação e autoaceitação, "aqui e agora", são as chaves para mudanças positivas.
7. O ponto do poder está sempre no momento presente.

9
Perdão

"Estou perdoado e sou livre."

Lista de verificação de perdão

- ☐ Eu nunca os perdoarei.
- ☐ Eles não merecem perdão.
- ☐ O que eles me fizeram é imperdoável.
- ☐ Eles arruinaram minha vida.
- ☐ Fizeram isso de propósito.
- ☐ Eu era pequenino e eles me maltrataram demais.
- ☐ Eles têm de pedir desculpas primeiro.
- ☐ Meu ressentimento me protege.
- ☐ Só os fracos perdoam.
- ☐ Eu estou certo e eles, errados.
- ☐ É tudo culpa de meus pais.
- ☐ Não tenho ninguém para perdoar.

Você já se ouviu dizendo coisas parecidas? O perdão é uma área difícil para a maioria de nós.

Todos precisamos perdoar. Qualquer um que tem dificuldade em amar a si mesmo está preso nessa área. O perdão abre nosso coração. Carregamos mágoas por anos a fio, sentindo-nos ofendidos pelo que *eles* fizeram a nós. Chamo isso de ficar preso no cárcere do ressentimento. Por acharmos que estávamos com a razão, nunca somos felizes.

Posso ouvi-lo dizendo: "Mas você não sabe o que eles me fizeram, é imperdoável." O pior que podemos fazer contra nós é relutar em perdoar. A amargura é como tomar uma colherinha de veneno por dia. Ele vai se acumulando, e é muito prejudicial. É impossível ser livre e saudável enquanto nos mantivermos presos ao passado. O incidente ocorreu há muito tempo. Sim, concordo que eles não se comportaram bem. No entanto, isso já passou, está terminado. Muitas vezes, nos recusamos a perdoar porque achamos que, procedendo assim, estaremos dando razão a quem nos magoou, aceitando que ele estava certo.

Uma das grandes lições espirituais é compreender que todos estavam fazendo o melhor que podiam num determinado momento, que cada um só pode agir de acordo com o nível de compreensão, conhecimento e consciência que possui. Invariavelmente, alguém que maltrata foi maltratado quando criança. Quanto maior a violência que sofreu, maior seu sofrimento interior. Como eu já afirmei, não justifico, desse modo, um mau comportamento. Todavia, para evoluirmos espiritualmente temos de estar conscientes do sofrimento daqueles que nos magoaram.

O incidente acabou, talvez há muito, muito tempo. Solte-o, liberte sua mente. Permita a si mesmo ficar livre dele. Saia da prisão e receba o sol da vida. Se a situação que o magoa continua em curso, pergunte-se por que você merece suportá-la. Por que você aceita essa situação? O propósito deste livro é ajudá-lo a aumentar sua autoestima a tal ponto que você só permitirá experiências de amor em sua vida. Não perca tempo tentando "descontar". É inútil! O que damos, sempre recebemos de volta. Assim, vamos abandonar o passado e nos concentrar em amar, aqui e agora. Então, teremos um maravilhoso futuro.

A pessoa que você acha mais difícil de perdoar é a que lhe pode ensinar as maiores lições. Quando você se ama o suficiente para se elevar acima do antigo incidente, a compreensão e o perdão virão com facilidade e você ficará livre. Por acaso a liberdade o assusta? Parece-lhe mais seguro ficar agarrado a velhos ressentimentos e amarguras?

Trabalho no espelho

É hora de voltarmos ao nosso amigo, o espelho. Olhe-se nos olhos e diga, com fervor: "Estou disposto a perdoar!" Repita várias vezes.

Como você está se sentindo? Obstinado e teimoso? Ou aberto e disposto?

Apenas note seus sentimentos. Não os julgue. Respire fundo algumas vezes e repita o exercício. Há alguma diferença?

EXERCÍCIO: Atitudes familiares

1. **Sua mãe era uma pessoa que costumava perdoar?**

____

____

____

____

2. Seu pai era uma pessoa que costumava perdoar?

3. Era um hábito familiar usar a amargura para lidar com as mágoas?

4. Como sua mãe descontava suas amarguras?

5. Como seu pai as descontava?

6. Como você as descontava?

7. Você se sente bem quando se vinga?

8. Por quê?

Um fenômeno interessante é que, quando realizamos o trabalho de perdoar, é comum os outros reagirem a ele. Não é preciso ir falar com a pessoa envolvida e dizer-lhe que a perdoa, embora, às vezes, você possa sentir vontade de agir assim. O principal, no trabalho de perdoar, ocorre em seu próprio coração. O perdão raramente é para "eles". Na maioria das vezes, é para nós mesmos. A pessoa que você precisa perdoar para se libertar pode até já estar morta.

Muitos já me contaram que, quando perdoaram realmente, receberam, um ou dois meses depois, um telefonema ou carta da pessoa, pedindo para ser perdoada. Isso parece valer em especial para o trabalho de perdoar feito diante do espelho. À medida que for fazendo o exercício, preste atenção na profundidade de seus sentimentos.

Trabalho no espelho

O trabalho no espelho normalmente é desagradável, algo do qual gostaríamos de fugir. Por isso, se você fica diante do espelho do banheiro, é fácil demais correr para a porta. Acredito que obtemos mais benefícios quando sentamos à frente do espelho. Gosto de usar o espelho de corpo inteiro na parte interna da porta do meu armário, e acomodar-me diante dele com uma caixa de lenços de papel à mão. Meu cachorro, muitas vezes, vem sentar-se a meu lado, o que me conforta.

Dê-se bastante tempo para fazer esse exercício ou, então, repita-o muitas vezes. Todos temos muitas pessoas a quem perdoar. Sente-se diante do espelho, feche os olhos e respire fundo várias vezes. Pense nas muitas pessoas que o magoaram ao longo de sua vida e deixe-as passar pela sua mente. Agora escolha uma delas, abra os olhos e comece a conversar com ela.

Diga algo como: "Você me magoou profundamente. No entanto, não vou mais ficar preso ao passado. Estou disposto a perdoá-lo." Respire fundo e diga: "Eu o perdoo e o liberto." Respire fundo novamente e diga: "Você está livre e eu também."

Observe como se sente. É possível que esteja experimentando resistência ou uma sensação de leveza. Se for resistência, respire fundo outra vez e diga: "Estou disposto a abandonar toda a resistência."

Haverá dias em que você conseguirá perdoar várias pessoas. Em outros, talvez uma só. Não importa. Esse exercício é sempre perfeito para você. O perdão pode ser como tirar as cascas de uma cebola. Se as lágrimas forem excessivas, guarde a cebola por um dia, sabendo que pode pegá-la a qualquer momento para retirar uma outra camada. Congratule-se pela simples disposição de começar o exercício.

Uma vez iniciada a prática, seja hoje ou em outro dia, vá ampliando a lista daqueles que você precisa perdoar. Lembre-se de:

Família
Professores
Colegas de escola
Namorados
Amigos
Ambiente de trabalho
Departamentos ou personalidades do governo
Companheiros de igreja
Funcionários de hospitais
Outras figuras de autoridade
Deus
Você mesmo

Acima de tudo, perdoe-se. Pare de ser exigente consigo mesmo. Não é necessário castigar-se. Lembre-se de que você estava fazendo o melhor possível naquela ocasião.

Sente-se novamente diante do espelho com sua lista. Diga a cada uma das pessoas relacionadas: "Eu o perdoo por ________________."

Respire fundo e acrescente: "Eu o perdoo e o liberto."

Prossiga trabalhando com a lista, e se sentir que não tem mais raiva ou mágoa de determinada pessoa, elimine-a da relação. Se achar que ainda não se libertou, deixe esse nome para depois e volte a trabalhar com ele em outra ocasião.

À medida que o exercício prosseguir, você perceberá os fardos saindo de seus ombros. Tenho certeza de que se surpreenderá com a quantidade de bagagem velha que vinha carregando ao longo dos anos. Seja delicado consigo mesmo durante esse processo de limpeza.

Faça uma lista

Ouça uma música suave – algo que o faça sentir-se tranquilo e relaxado. Pegue papel e caneta e deixe sua mente vagar. Volte ao passado e escreva tudo que o fez sentir raiva de si mesmo. Escreva tudo, tudo mesmo. É possível que venha a descobrir que jamais se perdoou por urinar na calça no primeiro ano de escola, o que o deixou profundamente embaraçado na classe. Que tempo enorme carregando um fardo como esse!

Às vezes é mais fácil perdoar os outros do que a nós mesmos. É comum ser exigente consigo mesmo, aceitando somente a perfeição. Castigamos severamente os erros que cometemos. É mais do que hora de superar tal atitude.

São os erros que nos fazem aprender. Se fôssemos perfeitos, não teríamos nada para aprender, nem precisaríamos estar aqui neste planeta. Ser perfeito não serve nem mesmo para conseguir o amor e a aprovação dos pais ou de si mesmo – só para fazer você sentir-se "errado" e que não é bom o bastante. Por isso, seja mais maleável e pare de tratar-se com tanta severidade.

Liberte-se. Solte tudo. Dê-se espaço para ser espontâneo e livre. Não deve haver lugar para vergonha e culpa.

Lembre-se de como era formidável correr solto e livre quando você era criança.

Vá a uma praia, um parque, até mesmo a um terreno baldio, e corra. Não estou falando em praticar cooper. Corra descontraído, livre. Salte, dê cambalhotas, ria enquanto estiver fazendo isso. Leve sua criança interior junto, para vocês se divertirem. Alguém poderá vê-lo. E daí? O que vale é sua liberdade!

Agora reveja a lista de verificação da página 113. Encontre a afirmação positiva para cada crença negativa.

Se você acredita:	**Sua afirmação é:**
Eu nunca os perdoarei.	*Este é um novo momento. Estou livre para largar o passado.*
Eles não merecem perdão.	*Eu os perdoo, quer mereçam ou não.*
O que eles me fizeram é imperdoável.	*Estou disposto a ir além de minhas limitações.*
Eles arruinaram minha vida.	*Assumo a responsabilidade pela minha própria vida. Sou livre.*
Fizeram isso de propósito.	*Eles estavam fazendo o melhor possível devido as conhecimento, à compreensão e ao nível de consciência que tinham na época.*
Eu era pequenino e eles me maltrataram demais.	*Agora sou adulto e cuido com todo carinho de minha criança interior.*
Eles têm de pedir desculpas primeiro.	*Meu crescimento espiritual não depende dos outros.*

(cont.)

Se você acredita:	Sua afirmação é:
Meu ressentimento me protege.	*Liberto-me da prisão. Sou livre e estou em segurança.*
Só os fracos perdoam.	*Por ser forte, eu perdoo e me liberto.*
Eu estou certo e eles, errados.	*Não existe certo ou errado. Vou além de meus julgamentos.*
É tudo culpa de meus pais.	*Meus pais me trataram da maneira como foram tratados. Eu os perdoo, como também perdoo os pais deles.*
Não tenho ninguém para perdoar.	*Recuso-me a me limitar. Estou sempre disposto a dar o próximo passo.*

"Dou-me permissão para me livrar do passado."

PONTOS DE PODER

1. Somos responsáveis pelas nossas experiências.
2. Cada pensamento que temos cria nosso futuro.
3. Todos lidamos constantemente com padrões prejudiciais de ressentimento, crítica, culpa e ódio por nós mesmos.
4. Todo pensamento pode ser modificado.
5. Precisamos nos libertar do passado e perdoar todas as pessoas, inclusive nós mesmos.
6. Autoaprovação e autoaceitação, "aqui e agora", são as chaves para mudanças positivas.
7. O ponto do poder está sempre no momento presente.

10
Trabalho

*"É um prazer expressar minha criatividade
e ser reconhecido."*

Lista de verificação de trabalho

- ☐ Odeio meu emprego.
- ☐ Meu trabalho é estressante demais.
- ☐ Ninguém aprecia meu trabalho.
- ☐ Estou sempre em empregos sem futuro.
- ☐ Meu chefe é prepotente.
- ☐ Todos esperam demais de mim.
- ☐ Meus colegas me deixam maluco.
- ☐ Meu emprego não me dá oportunidade para ser criativo.
- ☐ Jamais serei bem-sucedido.
- ☐ Não há como progredir em minha carreira.
- ☐ Sou malremunerado no emprego.

Quantas dessas frases você usaria? Exploremos agora suas crenças na área do trabalho.

O emprego que temos e o trabalho que realizamos são o reflexo de nossa autoestima e valor para o mundo. Numa descrição simplista, o trabalho é a troca de tempo e serviço por dinheiro. Em geral, quando trabalhamos honestamente, nossa autoestima está num bom nível.

Contudo, o *tipo* de trabalho que executamos é importante para nós, porque somos indivíduos únicos. Queremos ter a sensação de que contribuímos de alguma forma para o mundo, e achamos necessário utilizar nossos talentos, inteligência e criatividade.

No entanto, vários problemas podem surgir no local de trabalho. Você, talvez, não se dê bem com algum chefe ou com seus colegas. Pode não se sentir valorizado ou achar que não reconhecem o que você faz. Oportunidades de promoção ou um emprego específico parecem estar distantes de sua vida profissional.

Lembre-se: seja qual for a situação em que você está, o cargo que ocupa... foi seu pensamento que o colocou nesse lugar. As pessoas que o cercam estão apenas refletindo o que você pensa sobre si mesmo.

Pensamentos podem ser mudados. Situações, também. Aquele chefe intolerável pode se tornar um grande amigo. Aquele cargo sem futuro pode levar a uma nova carreira, com muitas possibilidades. O colega irritante pode se transformar, senão num amigo, pelo menos em alguém mais fácil de conviver. O salário insuficiente pode aumentar num piscar de olhos. Talvez você encontre outro emprego muito melhor.

Existem inúmeros canais abertos; só precisamos mudar *nosso* modo de pensar, para nos conectarmos com eles. Devemos aceitar, em nossa consciência, que abundância e prosperidade podem vir de qualquer lugar. De início, a mudança talvez seja pequena, tal como uma tarefa a mais. Todavia, pode ser através dela que você demonstrará ao seu chefe que possui inteligência e criatividade. Se você deixar de tratar um colega como se fosse um inimigo, poderá notar uma incrível mudança no comportamento dele. Seja qual for a mudança que surgir em seu emprego, aceite-a e rejubile-se com ela. Você não está sozinho.

Você é a mudança. O poder que o criou também lhe concedeu o poder de criar suas próprias experiências!

EXERCÍCIO: Concentre-se

Vamos reservar alguns instantes para nos concentrarmos. Coloque a palma da mão direita na área um pouco acima do seu umbigo. Pense nessa região como sendo o centro de seu ser. Respire fundo. Olhe no espelho e diga: "Estou disposto a me libertar da necessidade de ser tão infeliz no trabalho." Repita a frase duas ou três vezes, usando um tom diferente em cada uma, de modo a ampliar seu compromisso com a mudança.

EXERCÍCIO: Descreva as pessoas com quem você convive no trabalho

Use dez adjetivos para descrever seu(s):

	Chefe	*Colegas*	*Cargo*
1.			
2.			
3.			
4.			
5.			
6.			
7.			
8.			
9.			
10.			

EXERCÍCIO: Pense em sua vida profissional

1. **Se você pudesse ser qualquer coisa, o que gostaria de ser?**

2. **Se você pudesse ter o emprego de seus sonhos, qual seria?**

3. **O que você gostaria de mudar no seu atual emprego?**

4. O que você mudaria em seu patrão?

____

____

____

____

5. Você trabalha num ambiente agradável?

____

____

____

____

6. A quem você mais precisa perdoar no trabalho?

____

____

____

____

Trabalho no espelho

Sente-se diante do espelho. Respire fundo. Concentre-se. Agora, converse com a pessoa em seu trabalho de quem você sente mais raiva. Conte-lhe o motivo de sua ira. Diga quanto ela o magoou ou ameaçou, violou seu espaço ou seus limites. Diga tudo, não guarde nada. Deixe bem claro qual é o comportamento que você espera dela no futuro. Afirme que a perdoa por não ser quem você desejaria que ela fosse.

Respire fundo. Agora, peça-lhe para respeitá-lo e ofereça o mesmo respeito em troca. Afirme que vocês dois podem ter uma relação de trabalho harmoniosa.

Abençoando com amor

Abençoar com amor é uma poderosa ferramenta para utilizar no ambiente de trabalho. Antes de sair de casa, envie uma bênção para seu local de trabalho. Abençoe cada pessoa, lugar ou coisa nele, com muito amor. Se você tem problemas com um colega, chefe, fornecedor, até mesmo com a temperatura, abençoe-os com muito amor. Afirme que você e a pessoa, ou situação, estão em perfeita harmonia.

"Estou em perfeita harmonia com meu ambiente de trabalho e com todos que lá trabalham."

"Sempre trabalho em ambientes harmoniosos."

"Honro e respeito todas as pessoas, e elas, por sua vez, me honram e respeitam."

"Abençoo esta situação com amor e sei que tudo vai acontecer da melhor forma possível para todos os envolvidos."

"Eu o abençoo com amor e o liberto para o seu bem."

"Abençoo este emprego e estou pronto para entregá-lo a alguém que o ame; assim, fico livre para aceitar uma nova e maravilhosa oportunidade."

Escolha ou adapte uma dessas afirmações para se ajustar a uma situação em seu local de trabalho e repita-a muitas vezes. Sempre que a pessoa, ou situação, que lhe causa aborrecimento surgir em sua mente, faça a afirmação. Elimine, assim, a energia negativa de sua mente relacionada com tal situação. Você pode, apenas com o pensamento, modificar suas experiências.

EXERCÍCIO: Autovalorização em seu emprego

Examinemos, agora, seus sentimentos de autovalorização na área profissional. Depois de responder às seguintes perguntas, escreva uma afirmação (usando o tempo presente).

1. **Eu me sinto digno de um bom emprego?**
   Exemplo:
   Às vezes, sim. Mas, quando isso não acontece, tenho vontade de desaparecer.

Seu exemplo:

____

____

____

____

Exemplo de afirmação:
Sou totalmente adequado para todas as situações.

Sua afirmação:

____

____

____

____

2. **O que mais temo na área profissional?**
Exemplo:
Que meu patrão descubra que não sou um bom empregado, me despeça e eu não consiga encontrar outro emprego.

Seu exemplo:

____

____

____

____

Exemplo de afirmação:
Concentro-me na segurança e aceito a perfeição de minha vida. Tudo está bem.

Sua afirmação:

____

____

____

____

3. **O que estou "conseguindo" com essa crença?**
Exemplo:
Agrado todo mundo que trabalha comigo e transformo meu chefe num pai.

Seu exemplo:

Exemplo de afirmação:
É minha mente que cria minhas experiências. Não tem limites minha capacidade de criar o bem em minha vida.

Sua afirmação:

---

4. **O que temo que poderá acontecer se eu abandonar essa crença?**
   Exemplo:
   Terei de me tornar adulto.
   Terei de ser responsável.

Seu exemplo:

____

____

____

____

Exemplo de afirmação:
Sei que sou digno de valor. É certo para mim ser bem-sucedido. A vida me ama.

Sua afirmação:

____

____

____

____

Visualização

Qual seria o emprego perfeito para você? Reserve um instante para imaginar-se nele. Visualize-se no ambiente, veja seus colegas, sinta qual seria a sensação de ter um trabalho gratificante, ganhando um ótimo salário. Mantenha essa visão por alguns instantes e saiba que ela foi gravada em sua consciência.

Agora consulte a lista de verificação, tirada da página 125. Encontre a afirmação correspondente a cada crença. Torne essas afirmações parte de sua rotina diária. Repita-as no trabalho, dirigindo, escovando os dentes etc.

Se você acredita:	**Sua afirmação é:**
Odeio meu emprego.	*Abençoo meu emprego e todos que trabalham comigo.*
Meu trabalho é estressante demais.	*Estou sempre à vontade no trabalho.*
Ninguém aprecia meu trabalho.	*Meu trabalho é reconhecido por todos.*
Estou sempre em empregos sem futuro.	*Transformo cada experiência numa oportunidade.*
Meu chefe é prepotente.	*Eu me respeito e, por isso, os outros me respeitam.*
Todos esperam demais de mim.	*Estou no lugar perfeito e sinto-me seguro o tempo todo.*
Meus colegas me deixam maluco.	*Vejo o melhor em todas as pessoas e as ajudo a revelarem suas qualidades.*
Meu emprego não me dá oportunidade para ser criativo.	*Meus pensamentos são criativos.*
Jamais serei bem-sucedido	*Tudo que faço é um sucesso.*
Não há como progredir em minha carreira.	*Novas portas estão se abrindo o tempo todo.*
Sou malremunerado no emprego.	*Estou aberto e receptivo a novas fontes de renda.*

PONTOS DE PODER

1. Somos responsáveis pelas nossas experiências.
2. Cada pensamento que temos cria nosso futuro.
3. Todos lidamos constantemente com padrões prejudiciais de ressentimento, crítica, culpa e ódio por nós mesmos.
4. Todo pensamento pode ser modificado.
5. Precisamos nos libertar do passado e perdoar todas as pessoas, inclusive nós mesmos.
6. Autoaprovação e autoaceitação, "aqui e agora", são as chaves para mudanças positivas.
7. O ponto do poder está sempre no momento presente.

11
Dinheiro e prosperidade

"Compartilho a infinita prosperidade; sou abençoado."

Lista de verificação de dinheiro e prosperidade

- ☐ Não consigo economizar dinheiro.
- ☐ Não ganho o suficiente.
- ☐ Meu crédito na praça é ruim.
- ☐ O dinheiro escapa pelos meus dedos.
- ☐ Tudo é muito caro.
- ☐ Por que todo mundo tem dinheiro e eu não?
- ☐ Não tenho como pagar minhas contas.
- ☐ Estou à beira da falência.
- ☐ Não consigo economizar para quando me aposentar.
- ☐ Gastar dinheiro me aflige.

Quantas dessas frases refletem seu modo de pensar? Se você marcou três ou mais delas, é hora de trabalhar nas questões referentes a dinheiro.

O que você pensa sobre dinheiro? Acha que tem o suficiente? Você liga sua autovalorização a ele? Pensa que ele lhe trará tudo o que mais deseja? Você é amigo do dinheiro ou inimigo dele? Ter mais dinheiro não é o bastante. Precisamos aprender como merecer e usufruir o dinheiro que possuímos.

Grandes quantidades de dinheiro não garantem prosperidade. Pessoas com muito dinheiro às vezes têm uma mentalidade de pobreza e vivem com mais medo de perdê-lo do que aquelas que moram embaixo de viadutos. Falta-lhes a capacidade de gozar o que possuem e viver num mundo de abundância. Sócrates, o filósofo grego, disse: "O contentamento é a riqueza natural, e o luxo, a pobreza artificial."

Como já disse inúmeras vezes, sua consciência de prosperidade não depende do dinheiro; seu fluxo de dinheiro é que depende de sua consciência de prosperidade.

Nossa busca pelo dinheiro *deve* contribuir para nossa qualidade de vida. Se não for assim, se odiamos o que fazemos para obter dinheiro, ele será inútil pra nós. A prosperidade está relacionada não apenas com a quantidade de dinheiro que possuímos, mas também com nossa *qualidade* de vida.

A prosperidade não é medida apenas pelo dinheiro. Ela envolve tempo, amor, sucesso, alegria, conforto, beleza e sabedoria. Por exemplo, você pode ser pobre em tempo. Se está se sentindo apressado, assoberbado, pressionado, você é carente de tempo. Se, ao contrário, sente que tem todo o tempo de que precisa para terminar suas tarefas e ainda repousar, você é próspero no que diz respeito ao tempo.

E quanto ao sucesso? Você sente que ele está fora de seu alcance e é completamente inatingível? Se acha que ser bem-sucedido é um direito seu, você é rico no que diz respeito ao sucesso.

Sejam quais forem suas crenças, elas podem ser modificadas neste instante. O poder que o criou lhe concedeu o poder de criar suas próprias experiências. Você pode mudar!

Trabalho no espelho

Fique em pé, abra bem os braços e diga: "Estou aberto e receptivo a tudo que é bom." Como você se sente?

Agora olhe no espelho e repita a frase, falando com mais ênfase. Que tipos de sentimentos afloram? Você está se sentindo libertado e alegre ou gostaria de se esconder?

Respire fundo e diga: "Estou aberto e receptivo a ________________" (você completa o espaço). Faça este exercício todas as manhãs. É um gesto simbólico maravilhoso, que pode aumentar sua consciência de prosperidade e atrair mais daquilo que é bom para a sua vida.

EXERCÍCIO: Seus sentimentos sobre dinheiro

Examinemos agora seus sentimentos de autovalorização nessa área. Responda às perguntas a seguir da melhor maneira que conseguir.

1. **Volte ao espelho. Olhe-se nos olhos e diga: "Meu maior temor no que diz respeito ao dinheiro é..." Escreva o que lhe vier à mente.**

____

____

____

____

2. O que você aprendeu sobre dinheiro quando era criança?

3. Seus pais cresceram em épocas difíceis, com guerra, recessão ou inflação? Quais eram os pensamentos deles sobre dinheiro?

4. Como se cuidava das finanças em sua família?

5. Como você cuida do dinheiro atualmente?

____

____

____

____

6. O que você gostaria de mudar em sua consciência a respeito do dinheiro?

____

____

____

____

EXERCÍCIO: Sua consciência de dinheiro

Examinemos agora seus sentimentos de autovalorização na área do dinheiro. Responda às perguntas a seguir da forma mais clara que puder. Depois de cada crença negativa, crie uma afirmação positiva, no tempo presente, para substituí-la.

1. **Eu me sinto digno de ter dinheiro e usufruir dele?**
   Exemplo:
   Na verdade, não. Livro-me dele assim que acabo de ganhá-lo.

Seu exemplo:

Exemplo de afirmação:
Abençoo o dinheiro que possuo. É seguro ter dinheiro e deixá-lo trabalhar para mim.

Sua afirmação:

2. **Qual é meu maior temor no que se refere ao dinheiro?**
Exemplo:
Meu medo é ficar sempre falido.

Seu exemplo:

Exemplo de afirmação:
Eu agora aceito a abundância ilimitada de um universo ilimitado.

Sua afirmação:

____

____

____

____

3. **O que estou "ganhando" com essa crença?**
   Exemplo:
   Continuo sempre pobre e, por isso, outros têm de cuidar de mim.

Seu exemplo:

____

____

____

____

Exemplo de afirmação:
Recupero meu próprio poder e amorosamente crio minha realidade. Confio no processo da vida.

Sua afirmação:

4. **O que receio que me aconteceria se eu abandonasse essa crença?**
   Exemplo:
   Que ninguém vai me amar e cuidar de mim.

Seu exemplo:

Exemplo de afirmação:
Estou seguro no universo e a vida me ama e sustenta.

Sua afirmação:

EXERCÍCIO: O uso que você faz do dinheiro

Escreva três atitudes pelas quais você se critica pelo modo como usa o dinheiro. É possível que viva constantemente endividado, não consegue economizar ou não sabe aproveitar o dinheiro que possui.

Em seguida, pense em uma vez que você não teve esse comportamento indesejado e escreva o que aconteceu.

Exemplos:

Eu me critico por: *gastar dinheiro compulsivamente e estar sempre endividado. Parece que sou incapaz de conter minha mania de gastar.*

Eu me elogio por: *pagar o aluguel em dia. Hoje é o primeiro dia do mês e já paguei o aluguel.*

Eu me critico por: *economizar cada tostão que consigo. Não sou capaz de gastar sem me sentir aflito.*

Eu me elogio por: *ter comprado uma camisa que não estava em oferta. Hoje adquiri algo que eu realmente desejava.*

1. **Eu me critico por:**

____

____

____

____

Eu me elogio por:

____

____

____

____

2. Eu me critico por:

____

____

____

____

Eu me elogio por:

____

____

____

____

3. Eu me critico por:

____

____

____

____

Eu me elogio por:

____

____

____

____

Visualização 1

Ponha a palma da mão no peito, respire fundo algumas vezes e relaxe. Veja-se agindo da pior forma possível no que se refere a dinheiro. É possível que você tenha pegado emprestado dinheiro que não podia devolver, comprado algo que sabia estar fora de seu orçamento ou pedido falência. Veja-se comportando-se dessa forma – *ame essa pessoa*. Entenda que você estava fazendo o máximo que podia na ocasião com o conhecimento, compreensão e capacidade que possuía. *Ame essa pessoa*, mesmo que em sua visualização você se veja agindo de uma forma que jamais faria hoje.

Visualização 2

Como seria possuir tudo o que você deseja? Quais seriam essas coisas? Aonde você iria? O que faria? Sinta. Usufrua. Seja criativo e DIVIRTA-SE.

Consulte a lista de verificação da página 137. Encontre a afirmação correspondente a cada crença. Torne essas afirmações parte de sua rotina diária. Repita-as no trabalho, dirigindo o carro, escovando os dentes, diante do espelho etc.

Se você acredita:	Sua afirmação é:
Não consigo economizar dinheiro.	*Tenho sempre uma caderneta de poupança.*
Não ganho o suficiente.	*Minha renda cresce constantemente.*
Meu crédito na praça é ruim.	*Meu crédito aumenta a cada dia.*
O dinheiro escapa pelos meus dedos.	*Gasto com sabedoria.*
Tudo é muito caro.	*Tenho sempre o que preciso.*
Por que todos mundo tem dinheiro e eu não?	*Tenho todo o dinheiro que eu possa aceitar.*
Não tenho como pagar minhas contas.	*Honro todas as minhas contas e pago-as no prazo.*
Estou à beira da falência.	*Sou financeiramente solvente.*
Não consigo economizar para quando me aposentar.	*Estou me preparando para a minha aposentadoria.*
Gastar dinheiro me aflige.	*Tenho prazer em cada tostão que gasto.*

"Dou-me permissão para prosperar."

PONTOS DE PODER

1. Somos responsáveis pelas nossas experiências.
2. Cada pensamento que temos cria nosso futuro.
3. Todos lidamos constantemente com padrões prejudiciais de ressentimento, crítica, culpa e ódio por nós mesmos.
4. Todo pensamento pode ser modificado.
5. Precisamos nos libertar do passado e perdoar todas as pessoas, inclusive a nós mesmos.
6. Autoaprovação e autoaceitação, "aqui e agora", são as chaves para mudanças positivas.
7. O ponto do poder está sempre no momento presente.

12
Amigos

"Sou amigo de mim mesmo."

Lista de verificação de amizade

- ☐ Meus amigos não me apoiam.
- ☐ Todos vivem me julgando.
- ☐ Ninguém vê as coisas do meu jeito.
- ☐ Meu espaço não é respeitado.
- ☐ Não consigo manter amizades.
- ☐ Não consigo deixar meus amigos me conhecerem de verdade.
- ☐ Quando aconselho meus amigos, é para o bem deles.
- ☐ Não sei ser amigo.
- ☐ Não sei como pedir ajuda aos meus amigos.
- ☐ Não sei dizer "não" a um amigo.

Quantas dessas frases têm algo a ver com você? Vejamos se é possível melhorar a qualidade de suas amizades.

As amizades podem ser nossos relacionamentos mais importantes e duradouros. Conseguimos viver sem cônjuges ou namorados. Podemos viver sem nossos familiares, mas a maioria das pessoas não consegue ser feliz sem amigos. Acredito que escolhemos nossos pais antes de encarnar neste planeta, mas a escolha de amigos é feita num nível mais consciente.

Ralph Waldo Emerson, o grande filósofo e escritor americano, escreveu um ensaio sobre a amizade, chamando-a de "néctar dos deuses", em que explica que nos relacionamentos românticos uma pessoa está sempre tentando mudar a outra, enquanto os amigos podem se olhar com admiração e respeito.

Os amigos podem ser uma extensão ou substitutos da família nuclear. Todos nós precisamos repartir nossas experiências de vida com outras pessoas. Quando estabelecemos uma amizade, aprendemos muito sobre os outros mas, acima de tudo, aprendemos mais sobre nós mesmos. Esses relacionamentos são reflexos de nossa autoestima e autovalorização, e nos oferecem oportunidades perfeitas para que nos examinemos atentamente e possamos descobrir as áreas em que precisamos evoluir.

Quando surgem tensões numa amizade, é hora de olhar para as mensagens negativas da infância. Talvez tenha chegado o momento de uma faxina mental. Limpar a casa mental depois de uma vida inteira de mensagens negativas é um pouco como começar um bom programa nutricional depois de anos e anos de ingestão de alimentos errados. No início da dieta, o corpo começa a se livrar dos resíduos tóxicos e nos sentimos muito mal por alguns dias.

O mesmo acontece quando você toma a decisão de modificar seus padrões de pensamento. As circunstâncias podem piorar por algum tempo. No entanto, lembre-se: às vezes é preciso arrancar uma grande quantidade de ervas daninhas para chegar ao o solo fértil. Você pode fazê-lo. Eu sei que pode!

EXERCÍCIO: Suas amizades

No espaço que se segue, escreva três vezes a afirmação:

"Estou disposto a me livrar do padrão que cria amizades conturbadas."

1. Como foram suas primeiras amizades na infância?

2. Em que aspecto suas amizades atuais são semelhantes às de sua infância?
   Exemplo:
   Sempre me deixei controlar por meus amigos. Ainda procuro amigos controladores.

3. **O que você aprendeu sobre amizades com seus pais?**

____

____

____

____

4. **Como eram os amigos de seus pais?**

____

____

____

____

5. **Que tipo de amigos você gostaria de ter no futuro? Seja específico.**

____

____

____

____

Examinemos, agora, seu nível de autovalorização na área das amizades. Responda às perguntas a seguir e escreva, depois uma afirmação positiva (no tempo presente) para substituir a velha crença.

1. **Eu me sinto digno de ter amigos?**
   Exemplo:
   Não. Por que alguém iria querer conviver comigo?

Seu exemplo:

____

____

____

____

   Exemplo de afirmação:
   Eu me amo e me aceito. Sou um ímã para atrair amigos.

Sua afirmação:

____

____

____

____

2. **O que mais temo na área das amizades?**
   Exemplo:
   Tenho medo de traição. Parece que não consigo confiar em ninguém.

Seu exemplo:

____

____

____

____

Exemplo de afirmação:
Confio em mim mesmo, confio na vida, confio em meus amigos.

Sua afirmação:

____

____

____

____

3. **O que estou "ganhando" com essa crença?**
Exemplo:
A oportunidade de ser crítico. Espero meus amigos darem um passo em falso para mostrar-lhes seus erros.

Seu exemplo:

____

____

____

____

Exemplo de afirmação:
Todos os meus amigos são bem-sucedidos. Sou um amigo carinhoso e apoiador.

Sua afirmação:

____

____

____

____

4. **O que temo acontecer se eu abandonar essa crença?**
   Exemplo:
   Deixarei de estar no controle. Teria de permitir que as pessoas me conhecessem de verdade.

Seu exemplo:

____

____

____

____

Exemplo de afirmação:
Amar os outros é fácil quando me amo e me aceito.

Sua afirmação:

____

____

____

____

Se somos responsáveis pelo que acontece em nossa vida, não existe ninguém para culparmos. Seja o que for que ocorrer conosco, é apenas um reflexo de nosso modo de pensar.

EXERCÍCIO: Pense em seus amigos

Procure lembrar-se de três eventos de sua vida nos quais você sentiu que estava sendo maltratado por amigos ou achou que abusaram de sua amizade. Talvez alguém tenha traído sua confiança ou abandonado-o numa hora de necessidade. Quem sabe um amigo interferiu em sua vida conjugal.

Em cada caso, primeiro ponha o evento e, em seguida, escreva alguns dos pensamentos do fundo de sua mente que precederam cada acontecimento.

Exemplo:

Quando eu tinha 16 anos, minha melhor amiga, Susie, virou-se contra mim e começou a fazer fofocas graves a meu respeito. Quando reclamei, ela mentiu para mim. Fiquei sem amigos na escola o ano inteiro.

Meus pensamentos mais profundos eram: *Eu não merecia amigos. Senti-me atraída para Susie porque ela era fria e tinha a mania de julgar os outros. Eu estava habituada a ser julgada e criticada.*

1. O evento:

Meus pensamentos mais profundos eram:

2. O evento:

Meus pensamentos mais profundos eram:

3. O evento:

Meus pensamentos mais profundos eram:

EXERCÍCIO: O apoio dos amigos

Pense em três eventos de sua vida em que você recebeu o apoio dos amigos. Talvez algum deles o tenha defendido ou emprestado dinheiro numa hora de necessidade. Podem tê-lo ajudado a resolver uma situação complicada.

Em cada caso, primeiro exponha o fato e, em seguida, escreva alguns dos pensamentos "do fundo de sua mente" que precederam cada acontecimento.

Exemplo:

Jamais esquecerei Helen. Em meu primeiro emprego, quando falei uma bobagem qualquer durante uma reunião, e todos riram de mim, ela me apoiou. Ajudou-me a superar meu embaraço e salvou meu emprego.

Meus pensamentos mais profundos eram: *Mas se eu cometer um erro sempre haverá alguém para me ajudar. Eu mereço ser amparado. As mulheres me dão apoio.*

1. O evento:

____

____

____

____

Meus pensamentos mais profundos eram:

____

____

____

____

2. O evento:

____

____

____

____

Meus pensamentos mais profundos eram:

____

____

____

____

3. **O evento:**

____

____

____

____

Meus pensamentos mais profundos eram:

____

____

____

____

Elogio e agradecimento

A que amigos você precisa agradecer?

Visualize cada um deles. Olhe a pessoa nos olhos e diga: "Eu agradeço e abençoo você com amor, por ter estado presente na hora em que precisei. Que sua vida seja plena de alegria."

Visualização para se libertar da raiva

Que amigos você precisa perdoar?

Visualize cada um deles. Olhe a pessoa nos olhos e diga: "Eu perdoo você por não ter agido do modo como eu desejava. Eu o perdoo e liberto."

Leia a lista de crenças negativas da página 151, e encontre a afirmação positiva correspondente a cada uma delas. Faça dessas afirmações parte de sua rotina diária. Repita-as no trabalho, dirigindo ou diante do espelho, todas as manhãs.

Se você acredita:	Sua afirmação é:
Meus amigos não me apoiam.	*Meus amigos são carinhosos e sempre me apoiam.*
Todos vivem me julgando.	*Estou seguro no mundo e a vida me ama e apoia.*
Ninguém vê as coisas do meu jeito.	*Estou aberto e receptivo a todos os pontos de vista.*
Meu espaço não é respeitado.	*Respeito os outros e eles me respeitam.*
Não consigo manter amizades.	*Meu amor e aceitação dos outros cria amizades duradouras.*
Não consigo deixar meus amigos me conhecerem de verdade.	*É seguro para mim ser franco e aberto.*
Quando aconselho meus amigos, é para o próprio bem deles.	*Meus amigos e eu temos total liberdade para sermos nós mesmos.*
Não sei ser amigo.	*Confio em minha sabedoria interior para me guiar.*
Não sei como pedir ajuda aos meus amigos.	*É seguro pedir o que necessito.*
Não sei dizer "não" a um amigo.	*Vou além de minhas limitações e expresso-me com liberdade.*

"Dou-me permissão para ser amigo."

PONTOS DE PODER

1. Somos responsáveis pelas nossas experiências.
2. Cada pensamento que temos cria nosso futuro.
3. Todos lidamos constantemente com padrões prejudiciais de ressentimento, crítica, culpa e ódio por nós mesmos.
4. Todo pensamento pode ser modificado.
5. Precisamos nos libertar do passado e perdoar todas as pessoas, inclusive nós mesmos.
6. Autoaprovação e autoaceitação, "aqui e agora", são as chaves para mudanças positivas.
7. O ponto do poder está sempre no momento presente.

13
Sexualidade

"Estou em paz com minha sexualidade."

Lista de verificação de sexualidade

- ☐ Tenho medo de sexo.
- ☐ Sexo é sujo.
- ☐ Os órgãos genitais me assustam.
- ☐ Não consigo o que desejo.
- ☐ Não tenho o tamanho ou o formato certo.
- ☐ Sinto vergonha de minha sexualidade.
- ☐ Não consigo pedir o que desejo.
- ☐ Deus não quer que eu me dedique ao sexo.
- ☐ Meu parceiro não vai gostar do meu corpo.
- ☐ Sinto medo de doenças sexualmente transmissíveis.
- ☐ Não sou bom o suficiente.
- ☐ Sexo é doloroso.

Quantas dessas afirmações você também faria? Se marcou no mínimo três delas, é bom se concentrar nessa área de sua vida.

O sexo é uma área difícil para muitas pessoas. Muitos se queixam que estão tendo de mais ou de menos. O sexo ameaça, motiva, irrita, atua como válvula de escape. Ele pode ser carinhoso, agradável, doloroso, explosivo, sensacional, gratificante ou humilhante.

As pessoas frequentemente comparam o sexo ao amor, e acham que precisam estar apaixonadas para fazer sexo. Muitas cresceram acreditando que fazer sexo fora do casamento é pecado ou, então, que é apenas para a procriação e não para o prazer. Algumas pessoas, rebelam-se contra esses conceitos e concluem que sexo não tem nada a ver com amor.

A maioria de nossas crenças sobre sexo tem origem na infância e em nossas ideias sobre Deus e religião. Muitos de nós fomos criados acreditando naquilo que chamo de "Deus da mamãe", ou seja, aquilo que sua mãe lhe ensinou sobre Deus quando você era pequenino. Com frequência, é a imagem de Deus como um velho barbudo, sentado numa nuvem, olhando para os órgãos genitais das pessoas, esperando para flagrar alguém em pecado.

Pense por um instante na vastidão deste universo. Como ele é perfeito! Pense no nível de inteligência de quem o criou. Tenho grande dificuldade em acreditar que essa mesma divina inteligência poderia se parecer com um velho que pretende ser o dono da verdade, e que passa o tempo todo vigiando *meus* órgãos sexuais.

Quando éramos crianças, sabíamos como era perfeito nosso corpo e amávamos nossa sexualidade. Os bebês nunca sentem vergonha de si mesmos. *Nenhum bebê mede seus órgãos genitais para descobrir o tamanho de seu próprio valor.*

Devemos abandonar as imagens e crenças que não nos nutrem ou amparam. Acredito que a revolução sexual, que aconteceu no final da década de 1960, teve seus aspectos positivos. Com ela nos libertamos das ideias e hipocrisia vitorianas. No entanto, como sempre acontece quando as pessoas se libertam da opressão, surgem os exageros. Acredito que o sexo deve ser um ato de alegria e prazer, e, desde que mantenhamos o coração aberto, gostando realmente de nós mesmos, praticando-o, não estaremos prejudicando nem a nós mesmos nem a outras pessoas. No entanto, o sexo pode ser uma forma de abuso e expressão de baixo nível de autovalorização. Se precisamos constantemente de novos parceiros para nos sentirmos valorizados ou se deixamos a infidelidade ser um modo de vida, é necessário examinar nossos padrões de pensamento na área da sexualidade.

Visualização

Antes de responder às perguntas formuladas a seguir, deite-se ou sente-se numa posição confortável. Feche os olhos e ponha as palmas das duas mãos no peito, sobre e área do coração. Visualize um feixe de luz branca, brilhante, entrando em seu coração. Focalize sua atenção nessa luz e diga, em voz alta: "Estou disposto a deixar o amor entrar." Sinta a energia fluindo para dentro de seu coração. Depois de alguns minutos, repita a frase várias vezes, abra os olhos e diga: "Tudo está bem."

Responda às perguntas da forma mais completa que puder.

1. O que você aprendeu sobre sexo quando era criança?

____

____

____

____

2. O que seus pais lhe ensinaram sobre o corpo humano? Eles o consideravam bonito ou algo de que você devia se envergonhar?

3. O que seus professores ou sua igreja diziam sobre sexo? Ele era um pecado que devia ser punido?

4. Como eram chamados seus órgãos genitais? Ou eram apenas "o negócio lá embaixo"?

5. Você acha que seus pais tinham uma vida sexual satisfatória?

6. Em que suas ideias sobre sexo são semelhantes às de seus pais?

7. Em que são diferentes?

8. O que Deus "pensava" sobre sexo quando você era pequenino?

9. Você iguala sexo com amor?

10. Como você se sente durante o ato sexual? Terno e carinhoso? Poderoso? Culpado?

11. Você já abusou sexualmente de si mesmo ou de outras pessoas?

____

____

____

____

12. Você foi vítima de abuso sexual?

____

____

____

____

13. Se você pudesse mudar alguma coisa relacionada à sua sexualidade, o que seria?

____

____

____

____

Trabalho no espelho

Agora olhe-se no espelho, bem dentro de seus próprios olhos, e diga: "Estou disposto a amar meu corpo e minha sexualidade." Repita a frase três vezes, cada vez com mais sentimento e significado. Em seguida, responda às perguntas.

1. **Quais são seus pensamentos mais negativos sobre seu corpo?**

____

____

____

____

2. **Em sua opinião, qual é a origem deles?**

____

____

____

____

3. **Você está disposto a deixá-los ir?** ☐ **Sim** ☐ **Não**

Agora, examinemos a questão da autovalorização. Responda às perguntas a seguir e depois crie uma afirmação positiva correspondente a cada resposta.

1. **Eu mereço usufruir de minha sexualidade?**
   Exemplo:
   Não. Odeio as formas de meu corpo. Quando faço sexo, apresso-me para terminar logo.

Seu exemplo:

____

____

____

____

Exemplo de afirmação:
Amo e aprecio meu belo corpo. Ele é perfeito em tamanho e formas para mim. Rejubilo-me com minha sexualidade.

Sua afirmação:

____

____

____

____

2. **O que mais temo a respeito de minha sexualidade?**
Exemplo:
Receio que caçoem de mim. Tenho medo de fazer tudo errado ou então de ficar sem saber o que fazer. Acho que vou me sentir sujo.

Seu exemplo:

____

____

____

____

Exemplo de afirmação:
Minha sexualidade é um dom maravilhoso. Adoro ser criativo. Estou em segurança.

Sua afirmação:

3. **O que estou "ganhando" com essa crença?**
   Exemplo:
   Ela me protege. Quero me sentir seguro. Não quero gente nua perto de mim. Os órgãos genitais me assustam.

Seu exemplo:

Exemplo de afirmação:
É seguro ser eu mesmo. Amo todas as partes de meu corpo. Confio no processo da vida. para *me proteger.*

Sua afirmação:

4. **O que eu temo que poderá acontecer se eu largar essa crença?**
   Exemplo:
   Meu receio é perder o controle. Tenho medo de me perder na multidão, de não existir mais um "eu mesmo".

Seu exemplo:

____

____

____

____

   Exemplo de afirmação:
   É seguro ser eu mesmo em todas as situações. Rejubilo-me com minha sexualidade.

Sua afirmação:

____

____

____

____

Reveja agora a lista de verificação de crenças, da página 165 e estude as afirmações positivas correspondentes a cada uma delas. Faça dessas afirmações parte de sua rotina diária. Repita-as frequentemente no trabalho, dirigindo, ou a qualquer hora que sentir as crenças negativas emergindo.

Se você acredita:	**Sua afirmação é:**
Tenho medo de sexo.	*É seguro para mim explorar minha própria sexualidade.*
Sexo é sujo.	*Sexo é prazeroso. Há alegria, carinho e ternura nele.*
Os órgãos genitais me assustam.	*Os órgãos genitais são naturais, normais e belos.*
Não consigo o que desejo.	*Estou sempre sexualmente realizado e satisfeito.*
Não tenho o tamanho ou o formato certo.	*Meus órgãos genitais são perfeitos para mim.*
Sinto vergonha de minha sexualidade.	*Vou além de crenças limitadoras e aceito-me totalmente.*
Não consigo pedir o que desejo.	*Expresso meus desejos com amor e alegria.*
Deus não quer que eu me dedique ao sexo.	*Deus criou minha sexualidade e a aprova plenamente.*
Meu parceiro não vai gostar do meu corpo.	*Meu parceiro reflete o amor que sinto pelo meu corpo.*
Sinto medo de doenças sexualmente transmissíveis.	*Sou divinamente guiado e protegido.*
Não sou bom o suficiente.	*Amo a mim mesmo e a minha sexualidade. Estou em paz.*
Sexo é doloroso.	*Eu e meu parceiro somos delicados com meu corpo.*

"Dou-me permissão para usufruir de meu corpo."

PONTOS DE PODER

1. Somos responsáveis pelas nossas experiências.
2. Cada pensamento que temos cria nosso futuro.
3. Todos lidamos constantemente com padrões prejudiciais de ressentimento, crítica, culpa e ódio por nós mesmos.
4. Todo pensamento pode ser modificado.
5. Precisamos nos libertar do passado e perdoar todas as pessoas, inclusive nós mesmos.
6. Autoaprovação e autoaceitação, "aqui e agora", são as chaves para mudanças positivas.
7. O ponto do poder está sempre no momento presente.

14
Amor e intimidade

"O amor me cerca. Amo e sou amado."

Lista de verificação de amor e intimidade

- ☐ Tenho medo da rejeição.
- ☐ O amor nunca dura.
- ☐ Sinto-me preso numa armadilha.
- ☐ O amor me assusta.
- ☐ Tenho de fazer tudo como *eles* querem.
- ☐ Se eu for capaz de cuidar de mim mesmo, eles me abandonarão.
- ☐ Sou ciumento.
- ☐ Não consigo ser eu mesmo.
- ☐ Não sou bom o bastante.
- ☐ Não quero um casamento como o de meus pais.
- ☐ Não sei amar.
- ☐ Não consigo dizer não a alguém que amo.
- ☐ Todos me abandonam.

Quantas dessas frases refletem o seu modo de pensar? Talvez seja o momento de você dissipar seus medos relacionados com o amor e a intimidade.

Como você vivenciou o amor quando era criança? Em sua família o amor era demonstrado através de brigas, gritos, chantagem, controle, manipulação, silêncio ou vingança? Se é esse seu caso, você, inconscientemente, está procurando experiências similares agora que é adulto. Assim, atrairá para si pessoas que reforçarão essas ideias. Se na infância você procurava amor e encontrou sofrimento, na vida adulta só encontrará sofrimento em vez de amor, enquanto não se libertar de seus velhos padrões familiares.

1. **Como terminou seu último relacionamento?**

____

____

____

____

2. **Como terminou o relacionamento anterior a esse?**

____

____

____

____

É possível que todos os seus relacionamentos tenham terminado com a partida de seu parceiro. Essa necessidade de ser abandonado que você sente talvez tenha origem no divórcio dos seus pais, em ocorrência de morte na família ou no afastamento de um de seus pais por acharem que você não era o que eles esperavam.

Para modificar esse padrão de pensamento você precisa perdoar seu pai, ou sua mãe, e mais, entender que você não precisa repetir esse antigo comportamento. Assim, você os libertará e também se libertará.

O que nos faz repetir constantemente um hábito ou padrão de comportamento é uma *necessidade interior.* Ela corresponde a alguma crença que temos gravada em nossa mente. Se não existisse essa necessidade, não a teríamos, não agiríamos desse modo ou seríamos assim. A autocrítica não é capaz de romper esses velhos modelos. Só a necessidade de libertar-se consegue isso.

Trabalho no espelho

Usando o espelho, olhe em seus olhos, respire fundo e diga: "Estou disposto a me livrar da necessidade de ter relacionamentos que não me nutrem nem apoiam."

Repita a frase cinco vezes, sempre se olhando no espelho. A cada vez, dê-lhe mais significado. Pense em alguns de seus relacionamentos enquanto fala.

EXERCÍCIO: Seus relacionamentos

Responda às perguntas a seguir da maneira mais completa que puder.

1. **O que você aprendeu sobre o amor quando era criança?**

____

____

____

____

2. Você já teve um chefe que era "igualzinho" a seu pai ou sua mãe? Em que eles eram parecidos?

3. Seu cônjuge/companheira é como um de seus pais? Em quê?

4. Como eram seus pais?

5. O que você teria de mudar para modificar esse padrão familiar?

6. **Com base em sua nova compreensão, como você gostaria que fosse seu relacionamento amoroso?**

____

____

____

____

____

Seus antigos pensamentos e crenças continuam a moldar suas experiências enquanto você não os libera. Seus pensamentos futuros ainda não foram formados e você não sabe quais serão. Só o pensamento atual, aquele que você está tendo neste instante, está sob seu total controle.

Nós escolhemos nossos pensamentos. Só nós, mais ninguém. Às vezes, de tanto ficarmos insistindo num mesmo pensamento, temos a impressão de que não o estamos escolhendo. No entanto, a escolha original foi nossa. É fácil nos recusarmos a ter certos pensamentos. Quantas vezes você recusou pensar algo positivo sobre si mesmo? Da mesma forma, você pode afastar um pensamento negativo. É só uma questão dc exercitar.

Exercício: Amor e intimidade

Examinemos agora suas crenças nessa área. Responda às perguntas a seguir e depois escreva uma afirmação positiva (no tempo presente) para substituir a antiga crença.

1. **Sinto-me digno de ter um relacionamento mais íntimo?**
   Exemplo:
   Não. Qualquer pessoa fugiria correndo se me conhecesse realmente.

Seu exemplo:

____

____

____

____

Exemplo de afirmação:
Sou digno de amor e uma pessoa que vale a pena conhecer.

Sua afirmação:

____

____

____

____

2. **Tenho medo de amar?**
   Exemplo:
   Sim. Acho que todos serão infiéis a mim.

Seu exemplo:

____

____

____

____

Exemplo de afirmação:
Estou sempre seguro no que se refere ao amor.

Sua afirmação:

____

____

____

____

3. **O que estou "ganhando" com essa crença?**
   Exemplo:
   Não deixo o romance entrar em minha vida.

Seu exemplo:

____

____

____

____

Exemplo de afirmação:
É seguro para mim abrir meu coração e deixar o amor entrar.

Sua afirmação:

____

____

____

____

4. **O que temo que aconteceria se eu abandonasse essa crença?**
   Exemplo:
   Os outros poderiam se aproveitar de mim e eu sofreria muito.

Seu exemplo:

____

____

____

____

Exemplo de afirmação:
É seguro para mim repartir meu mais profundo ser com outras pessoas.

Sua afirmação:

____

____

____

____

EXERCÍCIO: Seu eu crítico

A crítica enfraquece o espírito e não ajuda a mudar nada. O elogio fortalece o espírito e consegue trazer mudanças positivas. Escreva duas das maneiras como você se critica na área do amor e da intimidade. Talvez você não seja capaz de contar aos outros como se sente, do que precisa. Pode ser que tenha medo de relacionamentos ou atraia parceiros que o magoam.

Recorde uma ocasião em que você não usou *esse comportamento, elogiando-se por isso.*

Exemplos:

Eu me critico por: escolher pessoas incapazes de me dar o que preciso.

Eu me elogio por: conseguir dizer a alguém que eu gostava dele. Fiquei assustada, mas consegui.

1. **Eu me critico por:**

____

____

____

____

Eu me elogio por:

____

____

____

____

2. **Eu me critico por:**

____

____

____

____

Eu me elogio por:

____

____

____

____

Parabéns! Você acaba de começar a romper com um velho hábito! Aprendeu a elogiar-se – neste momento. Lembre-se de que o ponto do poder está sempre no momento presente.

Agora releia a lista de crenças negativas da página 179 e encontre as afirmações positivas correspondentes a cada uma. Faça dessas afirmações parte de sua rotina diária. Repita-as frequentemente no trabalho, em casa, dirigindo o automóvel, ou quando sentir as crenças negativas emergindo.

Se você acredita:	**Sua afirmação é:**
Tenho medo da rejeição.	*Eu me amo e me aceito, e estou em segurança.*
O amor nunca dura.	*O amor é eterno.*
Sinto-me preso numa armadilha.	*O amor me liberta.*
O amor me assusta.	*É seguro para mim sentir amor.*
Tenho de fazer tudo como *eles* querem.	*Agimos sempre como parceiros.*
Se eu for capaz de cuidar de mim mesmo, eles me abandonarão.	*Cada um de nós cuida de si próprio.*
Sou ciumento.	*Sou seguro no amor.*
Não consigo ser eu mesmo.	*As pessoas me amam mais quando sou eu mesmo.*
Não sou bom o bastante.	*Sou digno de amor.*
Não quero um casamento como o de meus pais.	*Vou além das limitações de meus pais.*
Não sei amar.	*Amar a mim mesmo e aos outros torna-se mais fácil a cada dia.*
Não consigo dizer não a alguém que amo.	*Meu companheiro e eu respeitamos as decisões um do outro.*
Todos me abandonam.	*Eu agora estou criando um relacionamento duradouro, cheio de amor.*

"Dou-me permissão para viver um verdadeiro amor."

PONTOS DE PODER

1. Somos responsáveis pelas nossas experiências.
2. Cada pensamento que temos cria nosso futuro.
3. Todos lidamos constantemente com padrões prejudiciais de ressentimento, crítica, culpa e ódio por nós mesmos.
4. Todo pensamento pode ser modificado.
5. Precisamos nos libertar do passado e perdoar todas as pessoas, inclusive nós mesmos.
6. Autoaprovação e autoaceitação, "aqui e agora", são as chaves para mudanças positivas.
7. O ponto do poder está sempre no momento presente.

Parte III

Sua nova vida

15
Um novo retrato

"Vejo-me dentro de uma nova luz."

Com sua mão não dominante (a que você não usa habitualmente), desenhe um outro retrato seu. Use lápis ou canetas coloridas. Antes de começar, acomode-se, feche os olhos, respire fundo e concentre-se.

Quem é você?

Por que está neste mundo?

O que veio aprender?

O que veio ensinar?

O que mudou?

DESENHE-SE AQUI:

O que me faz feliz?

"Reconheço que sou a fonte de minha felicidade."

Exploramos muitas áreas da vida. Descobrimos crenças e padrões negativos. Abandonamos velhas bagagens. Sentimo-nos mais livres e leves. Estamos abertos e receptivos ao bem. Assim, a pergunta seguinte é: o que o faria feliz? Agora, não se trata mais de falar do que você não gosta. Chegou a hora de ser bem claro sobre o que você realmente *quer em sua vida. Faça uma lista de tudo que puder pensar, cobrindo todas as áreas de sua vida. Escreva no mínimo 50 coisas.*

1. ____________________
2. ____________________
3. ____________________
4. ____________________
5. ____________________
6. ____________________
7. ____________________
8. ____________________
9. ____________________
10. ____________________
11. ____________________

12. ____________________

13. ____________________

14. ____________________

15. ____________________

16. ____________________

17. ____________________

18. ____________________

19. ____________________

20. ____________________

21. ____________________

22. ____________________

23. ____________________

24. ____________________

25. ____________________

26. ____________________

27. ____________________

28. ____________________

29. ____________________

30. ____________________

31. ____

32. ____

33. ____

34. ____

35. ____

36. ____

37. ____

38. ____

39. ____

40. ____

41. ____

42. ____

43. ____

44. ____

45. ____

46. ____

47. ____

48. ____

49. ____

50. ____

Agora, crie uma afirmação positiva para cada item. Tenha em mente que alguém que, como você, trabalhou tanto para mudar, merece um novo e maravilhoso mundo.

1. ______________________________

2. ______________________________

3. ______________________________

4. ______________________________

5. ______________________________

6. ______________________________

7. ______________________________

8. ______________________________

9. ______________________________

10. ______________________________

11. ______________________________

12. ______________________________

13. ______________________________

14. ______________________________

15. ______________________________

16. ______________________________

17. ______________________________

18. ______________________________

19. ______________________________

20. ______________________________

21. ______________________________

22. ______________________________

23. ______________________________

24. ______________________________

25. ______________________________

26. ______________________________

27. ______________________________

28. ______________________________

29. ______________________________

30. ______________________________

31. ______________________________

32. ______________________________

33. ______________________________

34. ______________________________

35. ______________________________

36. ______________________________

37. ____________________

38. ____________________

39. ____________________

40. ____________________

41. ____________________

42. ____________________

43. ____________________

44. ____________________

45. ____________________

46. ____________________

47. ____________________

48. ____________________

49. ____________________

50. ____________________

É formidável possuir coisas maravilhosas, conhecer pessoas e lugares encantadores. No entanto, é preciso ficar bem claro que não são essas coisas que "nos fazem felizes". Somente *nós* mesmos é que podemos "nos fazer felizes". Só nós somos capazes de escolher pensamentos que criam paz e felicidade. Jamais conceda o poder a outra pessoa ou fonte. Você é que constrói sua própria felicidade e, desse modo, todo o bem fluirá para você com grande abundância.

Trabalho no espelho

Olhe-se no espelho. Respire fundo. Sorria e diga: "Mereço ter uma vida maravilhosa." Respire fundo novamente. "Mereço tudo que está em minha lista." Respire fundo. "Mereço e aceito tudo o que é bom em minha vida." Respire fundo. "Sou uma pessoa amorosa, cheia de valor, e eu me amo." Respire fundo. "Tudo está bem em meu mundo."

Sua nova história

"Vejo-me sob uma nova luz."

Agora que você fez a lista de tudo o que gostaria de ter em sua vida – pessoas, coisas e lugares que contribuiriam para sua felicidade, coloque tudo isso numa história. Escreva quanto quiser, muito ou pouco.

Eu, ____

____________________, agora, tenho uma vida maravilhosa, por-

que possuo ____

____

____

____

____

____

____

Visualização

Agora que você escreveu sua nova história, veja-se vivendo-a. O que sente em sua nova vida? Qual é seu aspecto físico enquanto está ficando mais velho, usufruindo dessas novas experiências? Veja seus relacionamentos harmoniosos. Respire profundamente nessa sua recém-descoberta liberdade e felicidade.

Relaxamento e meditação

O relaxamento é essencial para o processo de cura. É difícil permitir que as energias fluam dentro de nós quando estamos tensos e amedrontados. O Dr. Bernie Siegel disse: "Os benefícios físicos da meditação estão muito bem-documentados. Ela ajuda a baixar ou normalizar a pressão sanguínea, o ritmo da pulsação e o nível dos hormônios do estresse no organismo. Os benefícios se multiplicam quando a meditação é combinada com exercícios físicos regulares. Em suma, ela reduz o desgaste tanto da mente como do corpo, ajudando as pessoas a viverem mais e melhor."

Não é preciso mais do que alguns instantes, várias vezes ao dia, para fazer o corpo se soltar e relaxar. A qualquer momento você pode fechar os olhos, respirar fundo algumas vezes e largar a tensão que está carregando. Se você tem mais tempo, sente-se ou deite-se num lugar tranquilo e converse com seu corpo até que o sinta bem relaxado. Diga em silêncio a si mesmo: "Meus dedos dos pés estão relaxando, meus pés estão relaxando, meus tornozelos estão se soltando", e prossiga assim, pensando em todas as partes do corpo. Você pode também começar pela cabeça e ir descendo.

No final desse exercício muito simples você se sentirá calmo e tranquilo por algum tempo. A repetição frequente dessa técnica cria um estado de paz interior quase constante. Trata-se de uma meditação física muito positiva, que poderá ser feita em qualquer lugar.

A sociedade, em geral, transformou a meditação em algo misterioso e difícil de praticar. No entanto, ela é um dos processos mais simples e antigos que existe. Claro, podemos torná-la muito complicada com técnicas especiais de respiração e mantras ritualizados, mas isso é para praticantes de graus avançados. Qualquer um pode meditar a qualquer momento, não há dificuldade nenhuma.

Tudo o que temos de fazer é sentar, ou deitar, num lugar tranquilo, fechar os olhos e respirar profundamente algumas vezes. O corpo relaxará automaticamente, sem que seja preciso fazer nenhum esforço para isso. Começamos, então, a repetir palavras como "cura", "paz", "amor" ou qualquer outra que tenha um significado importante para nós. Podemos até dizer: "Eu me amo." Também podemos perguntar a nós mesmos: "O que preciso saber?" ou "Estou disposto a aprender?" Em seguida, podemos permanecer em silêncio.

As respostas podem vir imediatamente, ou em um ou dois dias. Não apresse as coisas, deixe que elas aconteçam. Lembre-se de que é da natureza da mente pensar e que você jamais se liberta de pensamentos perturbadores. Deixe-os fluir normalmente ou, então, observe-os, dizendo para si mesmo: "Sim, agora estou tendo pensamentos de medo." Ou raiva, ou de desastres, seja lá o que for. Não lhes dê importância. Apenas deixe-os passar, como suaves nuvens num céu azul de verão.

Há pessoas que dizem que sentar com braços e pernas descruzados e costas eretas é uma posição que melhora a qualidade da meditação. Talvez seja! Se achar possível adotá-la, faça-o. O importante é meditar regularmente. A prática da meditação é cumulativa. Quanto mais se pratica com regularidade, mais o corpo e a mente reagem ao benefício do relaxamento e mais rápido obtemos as respostas.

Um outro método fácil de meditação é simplesmente contar suas respirações enquanto você permanece sentado num local tranquilo, mantendo os olhos fechados. Conte 1 ao inspirar, 2 ao expirar, 3 na inspiração seguinte e assim por diante, até chegar a 10. Depois, comece de novo. Se sua mente divagar e você se surpreender contanto até 18 ou 20, volte para o 1. Proceda da mesma maneira se descobrir que sua mente está irrequieta, preocupada com o horário do médico ou com alguma coisa relacionada ao trabalho ou com uma lista de compras.

Não há como meditar incorretamente. Qualquer ponto de partida é perfeito para você. Existem muitos livros que ensinam técnicas de meditação. Se achar melhor, você pode procurar um curso que vai lhe oferecer a oportunidade de meditar na companhia de outras pessoas. Comece onde quiser, mas deixe a meditação se tornar um hábito.

Se meditar é algo novo para você, sugiro que comece fazendo apenas cinco minutos de cada vez. É comum pessoas que de início ficam 20 ou 30 minutos meditando acabarem se entediando e abandonando a prática. Cinco minutos, uma ou duas vezes por dia, é um bom começo. Se for possível você meditar sempre na mesma hora, logo perceberá que seu corpo está aguardando ansioso por esse repouso. A meditação lhe dá pequenos períodos de descanso benéficos para a cura de suas emoções e do seu organismo.

Como você vê, todos possuímos uma tremenda sabedoria em nosso interior. Dentro de nós estão as respostas para todas as nossas perguntas. Você não tem conhecimento do quanto é sábio. Você pode cuidar de si mesmo, pois possui todas as respostas que precisa. Ligue-se ao seu mundo interior. Você se sentirá muito mais seguro e poderoso.

Saiba que estou sempre conectada com você. Eu o amo.